The Magic of Believing

Claude M. Bristol

新訳

信念の魔術

人生を思いどおりに生きる思考の原則

C・M・ブリストル

[訳] 大原武夫

ダイヤモンド社

新訳発行に際して、本文レイアウトを改め、編集部にて一部表記を改めました。

MAGIC OF BELIEVING
by
Claude M. Bristol

目次

1 私は信念をつかんだ

2 心とはなにか

3 潜在意識のはたらき

4 暗示は力だ

5 イメージを描くこと

6 潜在意識を躍動させる技術

7 世界は心の投影

8 思いは実現する

The Magic of Believing

Claude M. Bristol

新訳

信念の魔術

人生を思いどおりに生きる思考の原則

C・M・ブリストル

［訳］大原武夫

第1章

私は信念をつかんだ

偶然の魔術

無事に困難を乗りこえて、しかも、あわよくばすばらしい成功を手に入れる、うまい方法はないものでしょうか？　てっとり早くその方法が理解できて、すぐさま実行できるような、そんなうまいコツ――なにかの力とか技術、あるいはサイエンス――はないものでしょうか？

私は「ある」と確信しています。この本ではそのことをどんな人にもわかるように説明し、あなたがそれを思うままに使いこなすにはどうすればいいか、その方法を述べようと思うのです。

一五年ばかり前、私はロサンゼルス市の実業家たちを集めて講演しました。そのあとで、市の大新聞の経済記者が、講演の主旨であった『地球をゆるがす強力爆薬――ＴＮＴ』（訳者注＝ＴＮＴはトリニトロトルエンという高性能の爆薬で、原子爆弾ができるまでは近代戦で最強のものでした）と題する私の小冊子を読んだのちに、こう手紙にしたためてきました。

「あなたは、人を幸せにする不思議なものを、天空からつかんできたのですね――そう、〝偶然の魔術〟というような」

その手紙を読んだ私は、貴重な鉱脈を掘り当てたような気がしました。私の考え方は立派に世間の役に立ったのです。

私自身としては、私が言っていることは特別に不思議なことだとは思っていません。ただ、世間の多くの人たちがそのことを気づかずにいるだけだと思っています。人類の文明の初期から、幸運な人だけが気づいてきたのです。どうしたわけか、一般の人びとはほとんど気づかずに過ごしてきました。

私がこのサイエンスについて講演したり小冊子で説明しはじめたころは、一般の人たちが私の言うことを十分にのみ込んでくれるかどうか自信はありませんでした。しかし、いまになってみると、このサイエンスを応用した人たちは収入を二、三倍にし、ビジネスを成功に導き、別荘地に立派な家を建て、ひとかどの財産をつくっています。少しでも考える力があって自分自身を大事にする人なら、望みどおりに立身出世もできると私は確信しています。

私はこれを著書にするつもりはなかったのですが、このあいだ出版社の女性が私を訪ねてきて、こうすすめたのです。

「この生きるのがむずかしい時代、成功したいと思う人たちのために、これまでお説きになったことをわかりやすい本にして、広く人に読ませる義務があなたにはおありになると思います。成功したいと思う人たちは、みな人生にまじめな大望を抱いているのです。あなたは、その人たちを助けるなにかを心に持っておいでになるのです。ぜひそれを広く世間に広めていただきたいのです」

私は第一次大戦にヨーロッパで戦い、その後は復員者の職業あっせんなども手がけ、次の第二次大戦後も多くの人の苦労を身にしみて感じてきました。人生に大きな望みを抱いている人たちの立派な夢をかなえてあげたいというのは、私の心からの願いだったのです。

そういう気持ちから、私はこの信念の力、信じることの魔術ということについて、くわしく総括的に書くことにしたわけです。

不思議な体験は確かに存在する

この本を読む人の中には、私を頭がおかしいやつだ、とか、奇人変人呼ばわりをする人もあろうかと思います。そういう人たちに対しては、私は半世紀以上もこの世に生きてきて、長くビジネスの世界でも活躍し、新聞記者としても相当の年功を経ているということを打ち明けておきたいのです。私の仕事の第一歩は事件記者でした。警察回りの記者というものは真実を追う訓練を積んでいるので、なにごとも鵜呑みにはしないものです。

さらに、私は二年ほど宗教担当の記者もしました。そのとき、あらゆる宗教の教祖や牧師、伝道師、僧侶だけでなく、精神療法士や信仰治療師のほか、心霊術、クリスチャン・サイエンス（キリスト教系の新興宗教）、新思想団、太陽や偶像を祭る宗派など、ありとあらゆる異端者やインチキ宗教の人びととも親しく接しました。

イギリスの有名な福音伝道家G・スミスがアメリカを巡回説教していたときには、私は毎晩彼の演壇のそばで、ヒステリックに泣き叫びながら教会の床にひざまづく人びとを眺めて奇異の感に打たれたものでした。

また、キリスト教の一派で、激しくからだを揺らして礼拝する人びとの集まりにはじめて出たときも、不思議な驚きがありました。そのほか、寒さにがたがたふるえながら歓喜の声をあげてミソギをする人たちや、先住民の雨乞いの踊りなどを、私はただ驚きの目で眺めたものでした。

フランスの農民のうぶな信心ぶかさや牧師の威力に感じ入り、ピレネー山麓の有名なルルドの泉など数々の奇跡的な治療も見たり聞いたりしました。ハワイのカフナという宗派の人たちは、祈りによって人を殺すことも生かすこともできるという話を聞いて驚きました。

新聞記者として駆け出しのころ、有名な霊媒師が法廷で心霊現象を否定するおおぜいの人たちに囲まれて、「霊を出現」させることができずに有罪になるのを見たこともあります。判事は霊媒師に向かって、もし法廷で霊に語らせることができるなら無罪放免にしてやる、と約束していたのです。この霊媒師の支持者たちが、「以前の降霊会ではすばらしい心霊現象を起こした」と証言していたのに、法廷ではまったく無力なのを見て、私はどういうことかさっぱりわけがわかりませんでした。

その後、運命占いの詐欺団やジプシーの手相見、水晶球のぞき、星占いなどにいたるまであらゆる人びとを探訪しました。先住民の老人のもとでは、私の「守護霊」から私の過去、現在、未来のみならず、耳にしたこともない親類の身の上話まで聞かされました。

「信じる」ことが世界を二つに分ける

私は病室で人びとが亡くなるのを何度も見ましたが、一方で、見たところそれよりもずっと重症の人がベッドの上に起き上がって数日のうちにほがらかに退院していくのも、半身がマヒした人たちがわずか二、三日ですみやかに全快したのも見たことがあります。

銅の腕輪をはめたらたちどころにリウマチや関節炎が治った、と言い張る人にも会いました。近所の人からは手のイボがいつのまにか消えうせたという話も聞きました。猛毒のガラガラ蛇にわざわざ自分をかませて生きている人の話、そのほか不思議な治療やできごとを何百と見たり聞いたりしています。

また、私は歴史上の偉人伝もたくさん読みました。人生の偉業を成しとげた男女にもおおぜいインタビューしましたが、私はただただ、なにが彼らを人の世の頂上へ押し上げたのだろう、ということを不思議に思っていました。

野球やサッカーの監督が、たいしたことのなさそうなチームを手にかけ「なにか」を注入すると、たちまち勝てる強いチームに変身することを知りました。不況のときには、ある会社のしょげかえったセールスマンたちが回れ右をしたかと思うと、やがて、以前よりも売上げを伸ばすのもこの目で見ました。

私は生まれつき非常に強い好奇心を持ちあわせています。ものごとの説明や回答を捜し求めて飽くことを知らない、いわばしつこい探求欲もありました。この欲求が私をずいぶん奇妙なところへも連れていき、不思議なできごとにも私の目を見開かせてくれました。

宗派や宗教団、物理や心理療法などのサイエンスに関する書物も手当たりしだいに読んだものです。たとえば、近世の新しい心理学や形而上学をはじめ、古くからある魔術、アフリカのブーズー教、インドのヨーガ、クリスチャン・サイエンス、フランスのクーエ流の暗示療法、そのほか、いわゆる「精神関係の研究」に関するものはもちろん、哲学や古代の哲人の書など、文字どおり数えきれないほど読破しました。

しかし、その多くはばかばかしかったり、よくわからないものばかりでした。ただ、ときに恐ろしく深遠なものもありました。

ただ、すべての教えにおいてそれを心の底から受け入れて素直に応用しさえすれば一本の金色の線が境をなし、その内と外との世界を区別するということにだんだんと気づくようになりました。

この一本の金色の線こそ、「信じる」という簡単な言葉で表わすことができるものなのです。

多くの人に癒しの効果を及ぼしたり、成功の段階に上らせたり、あるいは不思議な体験をもたらすのも、これと同じ原動力――つまり信念のなせる業なのです。

なぜ信念が魔術や奇跡をもたらすかということについては、満足のいく説明をすることはできません。しかし、そこには疑いをさしはさむ余地はまったくないのです。信じさえすれば、純粋な魔術、つまり奇跡が起こるものなのです。

「**信念は魔術である**」という言葉について、私の考えは、確かな歩調を持って前進していきました。

精神のサイエンスは、人類の歴史と同じくらい古いものです。あらゆる時代を通じて、賢明な人たちはこのサイエンスを理解して、巧みに使っています。私の使命は、何世紀にもわたって伝えられてきたこの大真理を、現代の言葉で書いて証明することです。

幸いなことに、世間の人たちがようやく「心というものにはなにかが秘められている」という考えに目覚めはじめています。いまでは何百万という人たちがこの問題を知りたがり、これを大いに役立てることができると考えるようになっていると私は信じます。

世界は思いどおりになる

そこで私の二、三の小さい体験をまず語ろうと思います。それによってこの心のサイエンスが、いっそう理解できるだろうと思うのです。

第一次大戦のとき、私はいずれの連隊にも属さない不正規兵としてフランスに上陸しました。そのため、相当の期間を勤務してからでないと給料をもらえないことを知りましたが、出航前に用意していた小遣いは、不覚にも船中の酒保（売店）でほとんど使い果たしてしまいました。給料をもらうまでの期間、チューインガムやタバコなど小さいものもなに一つ買えず、歯を食いしばってがまんしなければなりません。仲間の兵隊にタバコの煙をフーッと私の顔に吹きかけられると、私には一銭もないのだとつくづく情けなくなりました。

ある夜、ぎゅうぎゅうづめに混んだ列車に押し込まれたとき、私は眠ることなどできず、夜どおし「除隊のあかつきにはどっさり金をもうけてやるぞ」と、心の底から堅く決意しました。

それからというもの、私の一生は大きく変わったのです。

元来、私は本を読むのが好きでした。家庭では義務として聖書を読みましたし、子どものときは無線、X線、高周波の電気器具などに興味を持ち、そういう本を手当たりしだいに読みふけりました。しかし、放射線や周波数、振動と磁力波などに精通しても、それはそれだけのことで、それ以外のことに関連させてみようなどとは思いもしませんでした。

心の問題を電気や振動波のことと関連させて考えるようになったのは、法律学校を卒業した年に、T・J・ハドソンの『超心理現象の法則』という本を先生が貸してくれたときからです。しかし、私の心はまだそういったことに十分に向かっていなかったので、その深遠な哲理を受け入れることはできませんでした。

そういう状態で、大金持ちになろうという決意を心の底でかためたわけです。しかし、そのときは野心を実現する礎を築いたのだとは少しも気がつきませんでしたし、私の考えや信念の力によって財産ができようなどとは、いささかも思ってもみませんでした。

それからというもの――列車の中で堅く決意して以来――自分の未知の力に引きずられ、不可解な事件がつづき、理由もなく軍の新聞記者に抜擢され、戦争が終わり帰国すると有力な投資銀行の頭取から電報で招かれて、そこへ入ることになりました。なにもかもが偶然の連続です。

銀行ははじめこそ給料は少ないものでしたが、とにもかくにも富を得る機会をつかむ仕事につけたわけです。ただ、どのようにお金をつくればよいのかはまだわかりませんでしたが、なんとなく、望むだけの財産はつくれると直感していたのでした。

しかし、一〇年もたたないうちに富をつかんだばかりでなく、それははじめの期待を越える巨額のものとなり、やがてその銀行の大株主となったほか、幾多の有望な事業にも手を出すほどになりました。のちには太平洋岸の有名な投資銀行の副頭取にもなりました。

こうした年月を通して、私の心眼にはたえず「財産」というもののイメージがあって、一瞬も心を離れなかったのです。この**心眼のイメージ**ということを、特に心にとめておいていただきたいのです。というのは、これがあとで説明する、「信念は魔術である」というサイエンスと深い関係があるからです。

多くの人は、ぼおっとしてうつろのとき、たとえば電話で話をしている最中などに、そばにあるノートの紙きれなどにわけのわからない線を引いてみたり、意味のない落書きをするものです。そういうときの私の落書きは、＄＄＄——＄＄＄——＄＄と、ドルマークの連続でした。机の上に置かれたあらゆるファイルの表紙や紙きれには、ドルマークの落書きが散乱しています。電話帳の表紙、メモ用紙、あるいは大切な電話帳の中も、この落書きでいっぱいだったのです。

望みは必ず実現する

重ねて言いますが、この話を特に記憶にとどめていただきたいのは、これが後にくわしく説明するサイエンスの大切な技術だからです。

私の経験から言うと、たいていの悩みは金銭問題です。ことに競争が激しく、生きるのに困難な時代には、何百万人もの人たちが金銭にまつわる悩みに頭を痛めています。が、私のサイエンスは、金銭はもちろん、そのほかすべての難題、どんな欲求にも有効にはたらき、みごとに成果をおさめることができるのです。

その一例として、もう一つ私の小さい体験を語りましょう。

『地球をゆるがす強力爆薬』という小冊子を書こうという考えが浮かんで、それを心の中で練っていたころ、食事がすばらしいことで有名なエンプレス・オブ・ジャパンという船で太平洋の観光に出かけました。

私はカナダやヨーロッパの旅行を通してケベックのトラピスト・チーズが格別気に入っていたのですが、船内レストランのメニューにそのチーズが出ていないので料理長に向かって、

「あのチーズが食べたくて、この船に乗ったのになあ」

と、冗談めかして言いました。しかし、返ってきたのは

「すみませんが、今回はありませんね」

というそっけない言葉でした。しかし、ないと聞くとますますたまらなくほしくなって、思いはつのるばかりでした。

ある夜のこと、船客のためのパーティのあと真夜中すぎに私が船室へ帰ると、テーブルの上にかつて見たこともないほど大きなチーズが置かれているではありませんか！　それは、トラピストだったのです。あとで料理長に聞くと、

「確かに船の食糧庫には積んでいなかったのですが、船倉の底に非常用として取りよけてあったのを、荷捜しの末に見つけたのです」

ということでした。

それだけでなく、その船での私の待遇はすばらしくよく、何の不満もありませんでした。エグゼクティブとテーブルを共にし、船内もことさらていねいに案内してくれたので、いい気持ちで観光を楽しみました。そして帰りの別の船でもこんな待遇を受けられればなあ、と思いふけっていました。

ある日、急に本国へ帰りたくなりキップ売場へかけつけました。午後遅くの閉店間際でしたが、わずかに残っていた翌日発のキップをどうにか一枚手に入れることができました。翌日、定刻の二、三分前に船のタラップをのぼりながら私はなにげなく、

「気分のよい旅行だった。この帰りの船でも、せめて船長の主客テーブルへ……メイン・テーブルへ座りたいものだ」

と、ひとりごとを言いました。

船が出帆して港外へ出ると、食堂のボーイが、テーブルの席を決めますから乗客は食堂へお集まりください、と呼びにきました。私が座席係へキップを出すと、彼はそれに眺め入り、私の顔を見上げながら、

「ああ、Aテーブルの五番です」

と言いました。それはなんと船長のテーブルで、私は思いどおりに船長の真向かいへ座ることになったのです。

それからずっと後、私が講演などをしているころのことです。船長からこのときの事情を確認してもらっておくと好都合だと思ったので手紙を出すと、次のような返事がもらえました。

「ご承知のとおり、私たちの一生には、なにか本能的に、ああしたい、こうしたい、という思いつきが急に浮かぶことがあるものです。あの日は、船長室の入り口のところからタラップを上がってこられるお客さまを見ていたのですが、あなたが入ってこられると、なんとはなしに私のテーブルへお座りいただきたいと思ったのです。それ以外にわけはありません。船を桟橋へつけるとき、最初の試みでピタリと着くことがよくあります。あれと同じことで、直感です」

この話を聞いて「信念は魔術である」ということを知らない人たちは、船長が私を選んだのは偶然の一致だと言うでしょう。

しかし、私はそうではないことを確信しています。船長もいまは私のサイエンスを知っているので私の考えに同意してくれるでしょうが、そのときの乗客には、私よりもずっとクラスが上の人たちが十数人はいたのです。私はこれといって目立つようなところはなく、群衆の中の一人にしかすぎません。だから、私の服装や態度から判断して、数百人の乗客の中から船長が私を選び出したわけでは決してなかったのです。

私のサイエンスを説明するにおいてまず言っておきたいのは、これは、宗教や心理学など多くの角度からすでに扱いつくされていることだということです。しかし、宗教や神秘、心理学などを敬遠する人が多いということもよく知っています。ですから、特にビジネスマンが用いるような簡潔な表現法で述べるのです。はっきりと、やさしい言葉で書けば、私の考えを広く多くの人たちに伝えることができると思うからです。

信念は願いを果たす原動力

「できると信じればきっとできる」という言葉を耳にされたことがあるでしょう。ラテン語の古い格言にも、「待つと信ぜよ、しからば待てるなり」とあります。**信念はあなたの願いを果たすための原動力**です。あなたが病気だとして、心の底深く「きっと治るぞ」という思い——信念が宿っていれば、治る力が強くなるのです。心の底からの信念が、あなたのからだにはっきりとした効果をもたらすのです。

ただし、私は、ふつうの状態の人、心理的にも健やかな人について語っています。からだの不自由な人が野球やフットボールの名選手になれるとか、人並み以下の婦人が一夜ですごい美人になれるなどと言うのではありません。それは、もともと可能性も見込みも、まずないと言っていいことだからです。

しかし、かつて考えられなかったような驚くべき療法が行なわれた例もあるので、そういうことがありえないとは言いきれません。心の力についてもっと研究が進めば、いまの医学で不可能とされている幾多の療法で効果が上がるようになるだろうと私は確信しています。

ですから、私はどんなことも絶望とは考えません。この世の中では、なにが起こるかわからないのです。**明るい期待を持つことは、予想外のことを実現するうえで大いに役立つ**のです。

イギリスの有名な医学者A・キャノン博士の心に関する著述は、世界的な論争の焦点となりました。

「カニのハサミは再生できる。人間も失った足をはやせないわけはない。自らの心のうちで、そんなことは不可能だと勝手に決めているのだ。そんな心を取り去れば、足をはやすこともできるだろう」

潜在意識の中でものの考え方が変わりさえすれば、カニがハサミを再生することができるように、人間も足をはやすことができるだろうというのです。そんなことを言うのは突飛で、少なくとも、すぐには信用しがたいと思われることは私にもよくわかっています。しかし、これからも絶対にできるようにはならないと、いったい誰が明言できるでしょうか。

私は、内科や外科のあらゆる部門の専門医たちとよく昼食を共にします。もしもその席で私がこのような意見を述べれば、きっと私を精神病院へ連れていかなければと思われるでしょう。しかし、最近、アメリカ最高峰の医学校を出た人たちのあいだでは、肉体の障害や治療について心の持ちようがどんなに作用するものであるか、ということに耳を貸さない傾向は、もはや時代遅れのものとされています。

つい数週間前のこと、近所の友人が私を訪ねてきて、手のイボが取れたいきさつを話していきました。病気で入院していたとき、ぶらりとベランダへ出ると、そこで別の患者が見舞客と話をしているのに出くわしたそうです。

「君は手のイボを取りたいかい？　それなら、ぼくがイボの数を数えたら、それは消えてなくなるだろうよ」

と言っているのが聞こえたので、私の友人も、

「ついでに、ぼくのも数えてくれませんか？」

と頼んだそうです。そうして彼も数えてもらったはいいものの、それっきりそのことを

忘れていましたが、退院してある日のこと、ふと気がつくと、
「たくさんあったイボが、ことごとく消えてなくなっていた！」
と言うのです。ある日、私がこの話を医者の集まりで話すと、私の親しい著名な専門家は吐いて捨てるように、「ばかばかしい！」と叫びました。しかし、机の向かいにいた医学部の教授は、暗示でイボが治った実例はたくさんある、と応援してくれました。

第二次大戦の末期、コロンビア大学の医学部で、潜在意識や精神と肉体の関係を研究するため、はじめて精神分析科や精神身体科が創られました。その数年前、すでにスイスの地理学者ハイムが暗示でイボを取ったことや、同じくスイスの専門医ブロック教授が暗示の力を同じ目的に使っているということが、新聞や医学誌で報じられていたのです。

その後、カナダの名医カルツ博士の所見によると、暗示は確かに有効で、感染性ウィルスによってできるイボでさえも治るとされています。

カナダ医学協会誌に発表した博士の論文にはこうあります。

「世界各国でイボを取るマジナイがいろいろ行なわれている。クモの糸でしばることから、新月のときヒキガエルの卵を四つ辻の土の中に埋めることなど、さまざまの方法があるが、これらすべての魔術は、もし患者がその効果を信じるかぎり、みな効く

ものである。

私はほかの医者が試みて効果のなかった軟膏を、患者に希望を持たせるような言葉をそえて塗布した。すると、あっという間に治療効果が現われた。また、X線療法も示唆に富む結果が出ている。技師がそのスイッチを押し損ねたときでさえも、暗示の力が効力を発揮したのだ！　わざと間違った放射をして実験してみても、その所見は実証された」

このように、カルツ博士の研究では「信念の魔術」が実際にはたらいてイボを治し、その他の皮膚疾患にも功を奏しているのです。

成功者のパラドックス

また、あるとき、友人の医学者たちとの会話でテレパシーのことが話題になりました。数人の研究者や優秀な科学者たちもテレパシーを信じているとのことでした。

そのとき私は、ロックフェラー医学研究所のA・カレル博士もその存在を信じているばかりでなく、人間は遠くにいる他の人間に思いを放射できるという科学的確証があると言っている、という話を持ちだしました。すると、アメリカ医学協会のメンバーで全国に知られる一人の専門家が、テーブルの向こうから、「カレル博士はおいぼれだからね」と口をはさみました。私は驚いて、目を大きく見ひらいてその暴言者の顔を見ました。カレル博士は『人間、この未知なるもの』という名著を書いて、ノーベル賞さえ得たほどの人だからです。

私には医学者たちを非難するつもりはありません。ここに集まった医学者たちは、きわめて有能かつまじめな人たちばかりで、私の無二の親友もいたのです。しかし、私がこのような話をここで持ちだしたのは、一部の医学専門家たちは研究を専門分野だけにとどめ、若いころに学んだことや独断的な考え方にとらわれて、それをくつがえすような新しい事実をまったく受けつけようとしない傾向があることを指摘しておきたいからです。

そんなつまらぬ抵抗をするのは、医学界だけではなくあらゆる専門家や実業家なども同様で、自分の専門以外のことを知らず、自分の想像力の及ぶ狭い範囲外の新しい考えを受けつけようとはしたがらないのです。私は何度かそういう人たちに「書物を貸すから読んでごらん」とすすめましたが、そんな内容のものには興味がない、とたいていの人に断わられました。

これは、まさしく一つのパラドックスです。

人目には教養の高い男性も女性も、精神の威力を認めず、むしろ頭から否定し、深く考えようともしません。しかし彼らはみな、成功できたからには知らず知らずのうちに少なからずその力を利用してきているのです。

繰り返して言うと、多くの人は信じたいと思うことだけしか信じません。あるいは、自分に都合のいいことだけを信じたがって、それに反するものはいっさい拒絶してしまおうとするのです。私たちが住む今日の世界の文明の土台ともなった思想を生んだ人びとは、その在世中には無知な人びとにあざ笑われ、軽蔑され、十字架にすらかけられたのです。私は、イギリスの小説家M・コレリの言葉を思いおこします。

「多くの人が怠け心や無関心のために見のがしていたことでも、ある一人が天から得たような幸運や特別な利得にありついたとすると、たちまち弱者のねたみや愚者の怒りを買う。門外漢は、その幸運な彼の神秘的な心の世界をつかむことはできない。心の世界の教理は、それらの人にとっては閉ざされた書物と同じ――彼が自ら開こうともしない本である。聖人たちは深遠な知識を大衆に公表したがらなかったが、それは、一般大衆の狭い心と狭い考え方のために、真理をゆがめられるのを恐れたがゆえである。愚人は学びえないものには嘲笑を向け、その笑いを持って優越を示そうと考えるものである」

世界の偉大な研究家や思想家、また多くの科学者たちは、いまや大衆の目の前でこの信念の問題を自由に討議し、その実験報告を公表しています。ゼネラル・エレトリックの有名な技師C・P・スタインメッツは、「次の五〇年間にもっとも重要な進歩をみるのは、精神世界、すなわち思念や魂の世界であろう」と公言しました。ノースウェスタン大学の心理学教授R・ゴールト博士は、「われわれは、人間の潜在能力を解明する時代の玄関口に立っているのだ」と言いました。神秘の力、未知の能力、心のサイエンスである心理学、未開人や文明人の魔術など、さまざまなものはいわゆる超自然の世界があることを思わせます。

これらの力について説明のできないたった一つのことは、なぜ、信じることが偉大な結果を生むのかという点だけなのです。

サイエンスを実証する手紙

たくさんの昼食会や商社の会合やセールスマンの集まりなどに出席したり、ラジオで何千人もの人たちにこのサイエンスを説明してきたここ数年の私は、驚くべき成果を目の当たりにしています。すでに述べたとおり、この技術をほんとうに日々のビジネスに応用した人たちは、収益を二倍、三倍、四倍に増やしています。なかには数倍どころか、それ以上の驚くべき実益をあげている例もいくつかあります。

私の書類の中には、世の中のあらゆる業界で活躍している人たちから寄せられた報告や礼状が数えきれないほどあって、いずれも、このサイエンスの利用によってどんな成果を得たかを実証しています。

一例を挙げれば、アメリカのラジオ視聴者におなじみのA・C・ジクソンは、数年前このサイエンスによって一〇万ドルの財を成したという手紙をよこしています。彼によれば、かつてこのサイエンスを研究したこともあったけれど、四三歳で自分名義の財産がわずか六五ドルとなり、そのうえ職までも失い、実際にこのサイエンスをやろうという気になるまでは一〇〇%信じることはできなかったということです。その手紙の要点を挙げてみましょう。

「『地球をゆるがす強力爆薬――TNT』の小冊子をはじめて手に入れました。この本は私が昔から知っていたことを実際に活用できるように説明したものでした。それは、はじめてナイアガラの滝を見るようなものでした。そういうすばらしい滝があることは昔から知っていても、身をもってそれに接するのは一つの確かな経験であります。この小冊子は、毎日読んで、それを実際に応用できるように説かれています。

私は四三歳のときに破産して、家族の食べ物にも困ったのですが、そんな境遇から一〇万ドルをつくりました。そのお金で保険や年金なども払い込みずみです。私は五〇〇ドル借金して開業した事業を三万ドルで売り、これから一〇年間は遊んでいても五万ドル入る契約のもとに暮らしています。はたらけばはたらくだけ、それ以上の収入になります。これは大言壮語ではありません。この一〇年間に実際に起こったできごとの偽りのない実情です。そうしたことは一瞬または一日、あるいは一ヵ月などの短期間で達成できることではありません。しかし、必ず実現します」

どのような状態からでも財は成せる

このサイエンスを使って驚くべき実績をあげた人たちはみな例外なく継続的に結果を出しつづけていますが、なかでも目ぼしいのはアメリカ傷兵援助会で有名なＤ・クエイル氏からの手紙です。

「あなたの思想を受け入れることは、たやすくはありませんでした。が、ついに理解にいたった事情があります。二〇年ほど前、私は下半身まひのため松葉杖にすがって歩くのがやっとで、近いところへもカタツムリほどの速度でしか歩けませんでした。かつて銀行の重役などを務めた私としては、閑居をしいられるのは耐えられないことでした。ただ、私のからだが不自由になったのは戦時中の務めのためと認められ、政府の補償がもらえたのはせめてもの慰めでした。しかし、ついに政府は方針を一変し、私の名前を名簿から削ったので自分で生計を立てなければならなくなり、家も財産も手放さなければならぬような生活の瀬戸際へ追い込まれ、希望のない人生となりました。もう、あなたが説かれる法則を実行するほかに、私の生きる道はありませんでした。

そして、からだが不自由なため他の仕事につけない私が、しかたなくかじりついた保険と会計士の仕事が私を救ってくれたのです。いまや私は満足に生き、財産も守ることができました。成功にいたる道を知ったのです」

はじめてこの人に会ったのは、彼が水道屋の店先に机を一つ置いて仕事を始めたばかりのときでした。その後毎年、とんとん拍子に事業が発展するにつれて仕事場を移す彼の姿を見るのは、私にとって大きな楽しみでした。いまや、西部の大都市の目抜き通りにあるビルの一階をすべて占領している発展ぶりは、めざましいというほかありません。

後日、小冊子にあなたの手紙を引用させてほしいとお願いしたところ、次のように報せてきました。

「もちろん、世間のお役に立つようなら。さらに、いまや私のオフィスは街角の全域を占めて従業員は二二人になり、近くに事務所を建てるために土地も買ったということも付け加えるとよいでしょう。世の中の人すべてが、あなたの教えを実行してほしいと思います」

恐怖心こそが破滅を呼ぶ

私がこのサイエンスを手に入れたときは、あとで本にして出そうというつもりはまったくありませんでした。はじめは、自分の会社を破産から救うために考えたものだったのです。

そのころ、私は投資銀行の副頭取でした。会社は経済恐慌に追いつめられ、絶望に直面していました。そんな状況に発奮したからか、私は最初の小冊子を五時間たらずで口述し終わりました。しかも、何のノートも参考資料もなしに、です。

この、小冊子を書こうという考えが起こると同時に、「宇宙意識」という言葉が私の胸にどこからともなくひらめきましたが、そのときはそれに別に深い意味も感じられませんでした。

ただ、エピソードが一つあるのです。

『地球をゆるがす強力爆薬――TNT』を出版して、それがニューヨーク市の婦人作家の手にはいってのち、はじめて「宇宙意識」の意味が私にわかったのでした。というのは、その作家が次のように手紙を送ってきたからです。

「私はこの一〇年間というもの、あなたの小冊子に書いてあった哲理を、寝ても覚めても考えつづけてきました。ところが、その哲理がついに効力を発揮したのです。週わずか三〇ドルの稼ぎしかなかったとき、出版社が私の原稿を買ってくれることになり、車代も向こう持ちでニューヨークに上京し、そして幾度となくヨーロッパへ旅する機会をつくってくれ、私に銀ギツネの襟巻きをいくつも手に入れさせてくれました」

その同じ手紙で、彼女はR・M・バック博士が書いた『宇宙意識』という本を読むよう私にすすめていました。その本には、精神の中で輝く光の体験について、すばらしい記述があると書いてあったのです。

実は、私にもそのような体験があって、バック博士が特筆して説明している事実とまったく似たことなのでびっくりしたのでした。私の本の最初の原稿には「ぎらぎらした白い光」を見た体験をくわしく描写してあったのですが、その原稿を親しい友人に見せたところ、

「この白い光のことは読者にはなんのことだかわかるまい。君の頭がいくらか変になったとしか思われないだろうよ」

と、書き換えるよう忠告してくれました。それで私は文章を一部分削って、調子をおとしたのです。

しかし、「宇宙的光明や宇宙意識」のことを知る人や、私が最初に書いた小冊子を読んだ人ならば、たとえこのように調子を下げてぼかして書いたとしても、その「輝く光」の記述には深い意味をくみとられるでしょう。そのときの貴重な体験は、忘れられないものです。私がこれまでに読んだり研究したりしたすべてにまさる知識と理解を、そのわずかの瞬間に体得したのでした。

「宇宙意識」の感じとともに私に電光のようにひらめいたのは、私たちの会社が暗礁に乗り上げようとしているのは、周囲の状況やできごとのせいではなく、社内の役員や従業員の心構えが原因だという事実でした。

私たちは、大衆の持つ恐怖心に感染してそれに圧倒されているのでした。経済不況がすべての人の気力をくじき、すべてを災厄の深淵に追い落とそうとするのを恐れおののいているのでした。私たちは、**自らの破滅を恐れ、かえって自らの身の上に破滅を呼びよせていた**のです。

そこで私は、恐慌と闘って会社を救うためには、まず、われわれ社員すべての考え方をひっくり返さなければならないと考えたのです。そして、その仕事の第一歩として、この小冊子の口述を始めたわけです。F・W・キャンプという男がその小冊子の序文に書いたように、それは「社員と会社の運命を根底からひっくり返してしまうほどのめざましい仕事」でした。

心のサイエンスへの警告

私の言うことの一部は、大学の教壇に立つ心理学者からみれば、あざ笑うに値するものにちがいないと思います。しかし、それにもかかわらず、いまのアメリカの何千何万という人びとが、このサイエンスが実際に有効にはたらくことを毎日現実に証明しているのです。

あなた自身にとっては、それがはたして自分に有効にはたらくかどうかが、なによりも大切な問題でしょう。それを実証するのは、あなた自身がためしてみるしかないのです。

このサイエンスはどんなふうに使っても有効にはたらくのですが、繰り返し注意しておかなければならないのは、**人のためにならない悪いことには決して使ってはならない**ということです。

人類がこの地上に現われて以来、善と悪という二つの力が、この世にはたらいてきました。二つとも驚くばかりの強い力——大衆を惹きつける心の威力です。

もしも、あなたがこの本に書いてあることをかみしめてお読みになると、このサイエンスが、どんなに恐ろしい破壊力を持つものか、その反対にまた、建設的な善のために使えるどんなに偉大な力であるかということが、心からおわかりになるでしょう。

それは水や火のような自然界の力と同じことです。水も火も人間のために大いにはたらいてくれる恩人のようなものですが、いずれも恐ろしい破壊力を持って大災害をもたらします。創造に使うのと破壊に使うのとでは、大変な違いです。

だから、この「心」、あるいは精神のサイエンスを悪用しないように、最大の注意をしなければなりません。

もしあなたが人に害を与える悪の目的に使うと、それはめぐりめぐっておのが身に返ってきて、必ずあなたを滅ぼすことになります。幾世紀にもわたって、そのことを歴史が証明しています。あなたの身のまわりでも実例をごらんになれるはずです。

これは、単なる口先だけの言葉ではありません。すべて事実にもとづく厳粛な警告です。

第2章

心とはなにか

すべては思考から始まる

ここで扱う問題をよりはっきりさせるために、まず、思考そのものと、それにともなう現象について考えてみましょう。

思考というものがはたしてなんであるのか、これは誰も知りません。わずかにわかっているのは、思考とは精神のはたらきだというくらいのことです。

誰もその実体を知らないのにいたるところでその作用が見られる電気と同様、思考というはたらきは、心が外に現われた姿としていたるところで見ることができます。子どもや老人、動物など、あらゆる生きものの行動や表情を通して、心の現われを見ているのです。

ものごとを思考する心のはたらきについて深く考えれば考えるほど、心がいかに驚くべき威力を持つものであり、果てのない深い力であるかを思い知らされるのです。

この本を読みながら、まわりを見まわしてごらんなさい。もし、いま自宅の居間にいるとすれば、あなたの目にはいろいろの家具が見えるでしょう。視覚という部分にのみ注目すればそれでおしまいですが、もう少し掘り下げて考えると、その品物をつくりあげた創作者の着想や思考をあなたは眺めているわけです。家具をこしらえ、窓ガラスをはめ、テーブルクロスやカーテンを縫う――すべての始まりは人間の思考なのです。

自動車、高層建築、成層圏を飛ぶ飛行機、ミシン、小さい針。これら何百万何千万に及ぶ品物は、どのようにしてできあがったのでしょうか。掘り下げて考えてみると、その根源はみな一つだということがわかります。

不思議な力――人の心の思考です。

完成された品物はみな、多かれ少なかれ創造的な思考の産物として生まれたものです。

R・W・エマソンは、「われわれの行動の根源は思い――精神である」と言いました。

よく考えてみると、私たちの世界は思考によって支配され、外界にあるもののすべてはもともと私たちの心の中に存在していたのだ、ということがわかってきます。結局、二千数百年前に仏陀が言われたとおり「万物はわれわれの思考の産物」なのです。

人生は思考でつくりあげられる

あなたの一生も、あなたの思い――すなわちあなたの精神の思考によってつくりあげられるものです。

あなたのからだの肉、骨、筋などは、せんじつめるとその七〇％は水で、あとはたいして価値もない、いくつかの化学物質にすぎません。しかし、あなたの心と考えが、あなたを現在のあなたにしているのです。

つまり、**成功の秘訣は外界にあるのではなくて、あなたの持つ「考える力」にある**のです。

歴史を見ればわかることですが、考え方しだいで弱い人を強くしたり強い人を弱くしたりした実例は山ほどあります。そういう力がたえず作用しているということを証明する実例は、私たちの周囲にも常に見られます。

あなたが食べ、洋服を着て、バスに乗るために走り、車に乗り、散歩に行き、新聞を読み――あるいは片手を挙げることすら、「そうしよう」とする思いの衝動から現われるのです。それがどんなことであろうとも、**あなたの日常のあらゆる行動の背後には、驚くべき強い力である思考がひそんでいる**のです。

あなたの歩き方、身の動かし方、話し方、服の着方などはすべて、あなたの思いを反映しています。のろまな挙動は鈍重な考え方を、堂々とした挙動は自信に満ちた心を外に示すのです。あなたの外見は、あなたの内部にひそむ「心」を物語っているのです。

あなたは、あなた自身の「思い」の産物です。

人の信念とするところは、すなわちその人そのものなのです。

思考は、あらゆる富、あらゆる成功、あらゆる物質、あらゆる大発見と発明などの根源を成すものです。それなくしては大帝国も、莫大な財産も、長い鉄道路線も、近代の文明もなに一つありえません。もし私たちに思考というものがなかったならば、原始的な時代から、いまなお一歩も進歩していなかったはずです。

あなたの考えが、あなたの性格、人生、日常生活そのものを決定するのです。人の心はその人を創りもし、壊しもすると言われる意味がわかるでしょう。そして人の行動も、すべて心がはたらいた結果として外に現われるものですから、思考する心の動きがなければ、それらすべて存在しえないことになるのです。

このことを思うと、聖書に記された「人のまくタネは、その人が刈り取るものである」といった意味の文章や、シェイクスピアの「善も悪もない。人の考えがそれをつくるだけだ」という言葉も、なるほどよくわかるのです。

イギリスの有名な物理学者A・エディントンは、「われわれの住む宇宙はわれわれの想像の及ばない広い範囲にまで及んだ、思考の力によって生み出された心の産物である」と言いました。また、大物理学者J・ジーンズも、「宇宙とは、われわれの心の底で創られ、われわれの心とともに存在する、偉大な宇宙精神思考からできあがった創造物であるのかもしれない」と、意味深長な言葉を残しています。

世界の科学者や現代の思想家は、古代の賢人の思索をそのまま受けついで語っているわけで、そのことが、私がこの本で述べようとする原理を確かなものにしてくれているのです。

自分も他者も動かす力

人類が地上に現われた最初のころから、思考や精神の力がどんなに偉大かを深く理解した人たちによって人は動かされてきました。偉大な宗教の指導者、帝王、軍人、政治家などは、偉大な思考や精神力のサイエンスをよく心得ていて、人間というものは自らの考えに従って動くということ、また、自分よりも強く確信に満ちた人の考えに反射的に従うということをよく知っていたのです。

このように、強く、ダイナミックな思考を持つ人は心に訴えて人びとを動かし、ときには自由へ、またときには奴隷へと追い込んだのでした。

そこで、思考するということはどんなことかを研究して、それを深く理解するために最善の力をつくし、さらにそれを利用する方法を知り、人生の改善に役立て、私たちの体内にあるこの偉大な力に望みをかけなければなりません。人類の歴史を通して、今日ほどその必要に迫られているときはないと思われます。

昔の私ならば、精神力というものが偉大な魔力を持つこと、思いと物質とは密接につながっていること、あるいは思念の力は遠くからも人びとや無生物にまでも力を及ぼすことなどと聞かされると、大声をあげて笑ったものです。

ですが、いまは、もう笑えません。精神がどんなものであるかの片鱗でも知っている人ならば、おそらく笑わないでしょう。知性ある人ならば遅かれ早かれ、思考、精神の力が、地球上のすべてを変化させるだけの威力を持つということを認めるのです。

アイルランドの有名な文筆家で詩人のG・ラッセルは、「誰でも自分の思うとおりの人物になろうと思えばなれるものだ」と言っています。その証拠に彼は、思いどおりに文筆家、講演家、画家、詩人をかねた偉大な人物になっています。

しかし、心にとめておかなければならないのは、**私たちが心に抱く思いの大部分は自ら考え出したものではない**ということです。

社会生活の中では、人から聞くもの、新聞や雑誌や書物で読むもの、映画やテレビで視聴するもの、あるいは日常のいろいろな人たちとの会話からひょっこりもれ聞くものなどに、知らず知らず影響されます。いわば、さまざまなものから他人の考えをたえず浴びせかけられているわけです。

そういう外から浴びせられたものの一部は、私たちの心深くにひそんでいるものと合わさり、偉大な未来のイメージを描き、歩む道を教えてくれて、大いに助けとなるのです。

しかし、ときには自らを弱めたり、高遠な理想から岐路へ迷い込ませたりするものも少なくありません。私たちの妨げになるのは、外から受けるさまざまな雑念です。

どうすればそのような妨げとなるものを防ぐことができるかについては、また別の章で考えることにしましょう。

エル・ドラド（黄金の国）

心のはたらきを支配する因果律にまで思いがいたる人は少ないのです。「すべては内にある。外のものはなに一つない」とか「心はあらゆる力の根源である」などと言われることの真の意味を知る人も多くはいません。

そういうことをもっとも簡単に説明したのは、一〇〇年余にわたってビジネス界のバイブルとされた雑誌『商業と財務』の「エル・ドラド」と題する記事です。

「エル・ドラドは、あらゆる人の家の門前に横たわっている。宝庫は、あなたの足もとにある。幸運は手の届くところにある。みな内にある。外にはなに一つない。誰かが、まぐれ当たりや、貪欲や、運で金鉱を掘りあてて、からりと晴れた海路の凪ぎに首尾よく船を出せたかに見えても、それは見かけだけのことである。人はすべて豊かな人生に恵まれている。宗教も哲学もそのことを明言し、歴史や科学はそれを証明している。『すべては生き、すべてを豊かに保つ』のが自然の法則である。あなたは、なにかを求めるのか？　それならば、その代価を払って持っていくがよい。代価の資源は、あり余っている」

「あなたの求めるものが貴重ならば、それにしたがって代価も高い。われわれの求めるものすべてに対して、われわれ自らの精神という黄金を交換の代価として払わなければならないのだ」

「どこにその精神という黄金があるのか？　それは、人が自らを発見すればすぐにも手に入るものである。人が自らを見出せば、自由も富も成功も繁栄もそこにあるのだ。放言に聞こえるだろうか？　決して放言ではない。歴史やすべての伝記が、それを実証している。精神という黄金を発見した人だけが、強力で永続性のある威力を手に入れる。このことに目ざめた人たちには、需要と供給は単なる経済上の法則ではなく、精神の法則だという発見がある」

「T・A・エジソンは、死ぬ少し前、『アイデアは宇宙空間からくる。これは途方もなく信じられないことかもしれないが、ほんとうである。考えは空間から浮かび出る』と言ったことがある。彼ほどに多くのアイデアを生み出した人はいない。みな、自らの体内にあるエル・ドラドを見出すがよい。もし人がおのれ自身を発見できさえすれば、思いは自動的にエル・ドラドの方向に向けられる」

「スイスの医学の祖といわれた学者パラケルススは『人間の精神は誰にも表現できないほど偉大だ。もし人間の心を正しく理解するならば、われらにとって地上に不可能はないはずである。信念の力によって想像はうながされ、意志は完成される』と言った。信念は人であり、個人のものである。救いの手は、各人が自己を見出したときにくる」

「自己を見出すことはおのれの完成である。自己表明の強い男が、アメリカをこのエル・ドラドに築きあげたのだ。おのれを知るものは、常にエル・ドラドに住む。その人は青春の泉の水を飲み、いつでも、楽しみたいと思うすべてを手に入れる」

以上の文章のうち、パラケルススの言葉は、特に再読して味わう値うちがあります。私がここに指摘したいのは、単に一生懸命にはたらいても、これというような成功を成しとげられぬ人びとが多いことです。ただ精一杯はたらくということ以外にも、もっと大切ななにかが必要なのです。

そのなにかこそ、**創造的なものの考え方と、それを成しとげられるという信念**です。

歴史上の成功者はこの二つによって成功したのであって、その人の手や足や肉体は、単にその精神を助けたにすぎません。

求めるものは、金銭でも、名誉でも、地位でも、知識でも、なんでもよいでしょう。何を求めるにしても、あなたの中に燃えるような欲求として持ちつづけさえすれば、達成はむずかしくありません。

自分の力量には大きすぎる望みだな、と弱気になることがあるかもしれません。しかし、それは少しも無謀ではないのです。信じることから湧きあがる熱を込めて、あなたの体内深くにひそむ力を躍動させるのです。その力こそ、あなたを目的のゴールへ導いてくれるでしょう。

もしもあなたが既婚者ならば、かつてあこがれの異性を思い、その人の心をとらえようと、あふれる思いの日々を重ねた経験があるでしょう。それを思い返してごらんなさい。それは決して神経をすり減らすような苦しいことではなかった――むしろ楽しい日々だったでしょう――にもかかわらず、そのときあなたは、私が言うのと同じサイエンスの力を無意識に使っていたにほかなりません。

一生の配偶者を手に入れるのだという欲求は、あなたの心をもっとも占めていたわけです。その思い、その考え、信念は、一日のうちの長い時間を占め、夢の中でも離れなかったことでしょう。

こういうことから、あなたの日常生活での思考や欲求の役割がどんなに大切か、よくおわかりになると思うのです。

心から望むものをはっきりさせる

次に、**欲求そのものがいったいなんであるかを明確に決定しなければなりません**。単に成功してみたいなというような、漠然とした思いではダメなのです。はっきりと心に描ける形を持たなければなりません。

自分が何に向かって進むのか、まず自問してごらんなさい。自分のゴールはどこか？ほんとうに欲求するものを目の前に描けるか？　金銭的に計算できるものなら、その目標の額はいくらなのか？　もし仕事の成績が目的ならば、その段階を明示できるか？

私がいまこういう質問をあなたに向けるのは、それに対する答えが、今日からのあなたの人生を決定する要素になるからです。

奇妙に聞こえるかもしれませんが、この問いに答えられる人は一〇〇人に一人もいないのです。たいていの人は、成功してみたいと漠然と思うのみで、それ以上はまったく曖昧です。ただ時が流れていくだけで、今日は仕事があるのだから明日もあるだろう、老いても困らずに暮らせるだろうと、ぼんやりとした考えで生きているのです。

これでは川に流れるコルクの栓みたいなもので、さまざまな流れにただよってあちこちと当てもなく流れていき、岸に打ち上げられるか、さもなければ結局は水を吸って沈んでいくだけです。

だから、あなたは、自身の人生において何を求めるか、まず確かな考えを持たなければなりません。どこに向かって進むのか、はっきりした目標を目の前に見ていなければなりません。さらにそのものズバリとして、新しい職を求めているのか、昇進したいのか、新しい家がほしいのか、田舎に土地を求めているのか、または、ただ一足の靴がほしいのか——とにかく求めるものに対してはっきりした目標がなければならないのです。

「必要」と「願望」の違い

「必要」と「願望」には大きな違いがあることを忘れてはいけません。仮に、現在の仕事のために自動車が一台必要だとして、これは事務の延長でしかありません。

しかし、家族や愛する人のために使うものなら、特に熱を入れてできるだけ早く手に入れたいと計画を立てて努力するでしょう。そういう思考は、あなたにそれまでなかった新しい意欲をもたらすわけです。

生活を変えるような新しいものやいままでにないものを求める気持ちは、あなたに特別な努力をさせます。つまり、信念の力が、あなたの内部に一つの動力を起こすのです。それによって人生に余分な価値が生まれてくるわけです。

ですから、なにか成しとげたいとか、またはいま現に持っているもの以上のなにかを得たいと願うならば、まずその欲求を持つことからスタートしなければなりません。それが私たちの原動力になるので、すべてを焼きつくすほどの強烈な欲求がなければ、なにごとも達成できず、なにも得られないことになるのです。

何世紀にもわたってすぐれた思索家たちは、心の力によって人間が事を成し、物質を支配することもできると主張してきました。サイエンスの技術をあなたが深く研究なさるに従って、あなた自身の心にどんなに驚くべき力がひそんでいるかを、いっそう深く認めるようになることと思います。

信念は山をも動かす

名探偵シャーロック・ホームズを創作した作家コナン・ドイルは、長くイギリスの深層心理研究学会の会員でした。彼は、人間の心の中にはなにかを創りあげる力も破壊する力もあって、それは聖書に記されるように「山をも動かす信念」であると信じていました。彼はこう言っています。

「信念の力があることは間違いのないことだが、その力が人の心のどこからくるのか、また、そういう力を向けると堅い物質の分子が分裂するようなことも起こるのだが、その力が人体のどこから出るのかということはわからない」

こんな言葉をここに引用すると、物質主義者は私を嘲笑することはわかっています。しかし、ラジオ電波がどんなふうに木材やコンクリートなどの堅い物質に浸透していくかを考えることが、この難問を解決する手がかりの一つとなるかもしれません。思念の力がとどのつまりなんであるにしても、それが非常に速い振動のものならば、物質の分子に影響を与えることができないわけはないはずです。

ギャンブラーが使う念力

プロのギャンブラーのあいだでは、トランプやサイコロやルーレットといった勝負では、強い念力を出すと勝ち運がつくと言われています。私の知人にも、街角のゲーム場に入るなり、パチンコのようなゲームのハンドルを二、三回ひねると、決まって最高の商品を手にして出てくる人がいます。

一度そのコツを聞いてみると、彼はこう答えました。

「気分が向かないときは、ゲーム場へ近づきません。というのは、少しでも自信がないと勝てないと知っているからです。勝負に行く前に、心の中に今日は勝てるぞという考えが堅く定まったときに勝てなかった試しは、一度もなかったと思います」

ばかばかしい、と思われるかもしれませんが、そう考えるのは早計です。有名な大学の心理学部では、心が物体に影響力を持つかどうかを調べる実験をすでに行なっていて、その結果、心の力の存在は証明されて広く公表されているのです。

そういう実験でもっとも目をひくのは、アメリカのデューク大学でJ・J・ライン博士が指導する心理学者のグループが念力を証明したものです。念力というのは思考する心が物体に力を及ぼすことですが、これは決してばからしい理論ではないのです。

実験方法は、ふつうのサイコロを、この実験のために考案された機械を使って投げるというものです。機械を使う理由は、人間の手で細工が行なわれることを避けるためです。このとき被実験者は、ある数の面を出すことに心を集中させながら、あらゆる物理的接触をさけるため機械やサイコロから遠く離れたところに立つのです。

一九三四年以来、二〇年間も実験が行なわれ、実に数百万回にわたってサイコロが投げられました。その実績から見て、ライン博士は次のように公表しています。

「実験を行なう人は、サイコロに少しも物理的接触を与えないでサイコロの数字を左右することができる、というよりほかに説明のしようがない」

そのほか、幾多の念力の実験結果を見てみると、たとえば皮製の壺に入れて同時に投げられた二つのサイコロの数の合計は、古くから確立されている統計数字の一〇〇万回に一回という率を破って、連続して何回もある特定の数字を出したりしているわけです。

思考と同じ結果を引き寄せる

この事実を数分間あなたの頭の中で熟考して、それがあなたにどういう意味を持つものであるかを思ってみてください。

「思いはそれと同種のものを創造する」

「思いは物体と相互に影響を及ぼしあう」

「思いはその指向したものを引きつける」

などの言葉を私たちは古くから聞いています。聖書からよく引用されるヨブという男は、「私のひどく恐れたことが、私に降りかかってきた」と言いました。私たちが恐怖の思いを抱いていると、それは一種の創造力を持ってはたらいて、やっかいな事件を引きつける磁力を持つのです。それと同じ意味で、**明るく建設的な思いは、よい結果を引き寄せる**ことになるものです。

思考することは創造することであって、それは人間がこれまで知らなかったはるか遠くにまで力を及ぼし、ピッチの強度と、情緒の性質と、感情の深さと、振動の偏りに影響されるものです。このことを説明するためにいろいろ研究もされ、思考は電気エネルギーの一種ではないなにかであるということは明らかになっています。

しかし、電気学会の大天才N・テスラが行なった「高周波」の電気実験を試みたことのある私としては、放射や振動などのことを考えてみると、思考の力をなんとなく電気と結びつけてその現象と似たものとして考えたくなるのです。そのほうが私にはわかりやすいのです。

こういう考えを抱くのは私だけではありません。科学者たちは、人間の脳から振動を記録する器具を実際に完成させています。この器具は、神経や脳の健康だけでなく、そのときの感情や夢、体内にひそんでいる病気にいたるまで細かく調べることができるということです。

一九四四年、エール大学のH・S・バー博士ら研究者たちは、一二年間の実験の結果、すべての生物はからだの周辺に発散させた電気的な霊気に包まれている、そして生命力は宇宙の全構成とつながっている、という結論を得ました。

昔のヘルメス・トリスメギストス一派の哲学者たちは、振動説を唱えました。大幾何学者で哲学者のピタゴラスは紀元前六世紀の人ですが、万物は振動によって存在していると説きました。それは、本質において今日の科学者がいうエレクトロニクス（電子波）で、すべての物質はエレクトロン（陰電子）とプロトン（陽電子）からできあがっているということなのです。

つまり、電気を帯びた微粒子がたえず相互に作用し、また作用されているということです。適当な言葉が見つからないので、私は「振動」という言葉を使いますが、いずれにしても、電力を持っている微粒子の「周波数」が変わると、物質の本体も変わります。物質や固体のそれぞれの違いは、振動の構成——エレクトロンとプロトンの数の違いにあるのです。

昔の錬金術者が考えた力もここにあります。彼らは、安価な金属の分子を高価なものに——鉄や鉛を銀や金に変えることができると考えました。また、病気もみな同じ力で治せると考えました。イギリスの大物理学者ラザフォードは放射能の研究で有名な学者ですが、金属のほかにも、すべての物質の分子を好きなものに変えられるという説を電子波理論から説明しています。

五感は振動の伝達

人間の神経系統は振動波のみを感じます。言い換えれば、私たちの五感、すなわち、見る、聞く、触れる、味わう、嗅ぐの五つの感覚は、物体が発散する振動を受けて脳に伝達して、脳がそれぞれに解釈するのです。

そうと知ると、振動というものの本質がいっそうよくわかってきます。

高い音を聞く。それは音の振動として伝わってくるのです。

青々しい葉を見る。それも単なる振動を目で受け、脳に伝達され、そこで色に翻訳するのです。

世の中には五感が受信できる限界を上回る高周波の、いわゆる高いピッチの振動も少なくありません。もちろん、それらを人間は感知できません。犬の吠える声の中には、非常に高いピッチで犬にしか聞こえないものもあるそうです。

私たちは、誰しも「手当て療法」を知っています。頭痛がひどいときにはこめかみのあたりを手でもむと痛みがやわらぎますが、これは、なにかしら電気エネルギーが指の先から出ているのではないかと考えられます。聖書には、キリストが手を触れて病気を治したという実例がたくさん出ています。その解釈は、まだ深く知られていない電気分野——振動のサイエンスから明らかになるでしょう。

そして、バー博士の主張のようにこういう電気的な力は自身が発散していて、あらゆる生物を個別に包んでいるのでしょう。たとえば、部屋をすり足で歩いて金属製のものに手を触れると、電気の火花が出るように感じます。これは言うまでもなく摩擦から起こる静電気ですが、これを見ても、人体に電気があるということがわかると思います。

エール大学の研究者たちの実験を描いた、おもしろい絵があります。

傷のない左右の人さし指を電流計につないで、塩水を満たした二つのコップにそれぞれ浸すと、電気は陽極の左手から陰極の右手に向かって流れ、電気の量は一・五ミリボルトをさします。

ところがもう一つの絵は、二本の中指のうちの一本の上部にかすかな切り傷をつけてコップに浸すと、電極が変わって、陽極であった左手は陰極に、右手は陽極に変わり、電流は一二ミリボルトに上昇するのです。

こういう絵を見ると、フランスの科学者H・バラデュク博士がかつて完成させた「生命計量器」のことを思い出します。これは、鐘形のガラス器内に、細い絹糸に結びつけた銅針をぶらさげたものです。針の下のガラス器内には円形の厚紙に目盛りがしてあります。

こういう器具を二つ並べて置いて、実験者の両手の指をガラス器の半インチ以内のところへ近づけ、そのぶらさがっている針に心を集中するのです。そして、心、すなわち思念の方向をいろいろに変えると、針の方向は一方へ、次には他方へと、実験者の心のままに動くのです。針は命令の移りかわる思考の流れのままに従うわけです。

思考の集中で物体を動かす

それに似た原則による簡単な実験がもう一つあります。

ふつうの紙を三インチ角に切り、端から端へ対角線をつくって折りたたみます。それからその紙を開いて、もう一本別の対角線の折り目をつけます。つまり二本の対角線の折り目が中央で交わるようにして再び紙を開くと、上からおさえつけて押しつぶしたピラミッド型のようなものになるわけです。そこで長い針を一本コルクの中央へ通し、針の先端が一インチばかりコルクの上面から突き出るようにします。針の刺さったコルクを針の先端を上にして、伏せたグラスの上に乗せます。この装置は、その針の先端の上に置く紙が自由に動くようにするためのものです。そこでピラミッド形の紙の折り目の交わった点を針の先端に乗せ、ピラミッドの四辺が下方へ垂れ下がるようにバランスをとります。そして、このグラスを、風のない部屋のテーブルの上に置きます。ストーブや窓などのない、つまり熱波や風通しのないところを選ぶわけです。

そこで、両方の手のひらを、紙を覆うようにしてかざします。手や指と紙とのあいだは半インチほど離して、紙が自由に回転できるように余地を残しておくわけです。はじめ紙はよたよたとゆれています。おそらくはじめは一方へ、次には他方へと、ゆっくり動くでしょう。

しかし、手をがっちりと動かぬように保って、どちらか一方へ運動するように思いを集中すると、紙はそのとおりに回転して、ついには急速に回転するようになります。もし心の中で方向を変えると、紙はあなたの思いどおり、反対の方向へ回りはじめます。もちろん、呼吸で紙の運動を助けるようなことをしてはいけません。

紙が回転する原因については、手から出る熱波だとか、あるいは人体から出る電気の交流だとかいろいろ説明が試みられています。紙がもし一方だけの運動をするのであれば、そういう説明でこと足りるかもしれません。

しかし、実験者が少し練習をかさねて自信を持って思いを集中すると、はじめは紙を一方へ回転させ、つづいてその考えを逆にすれば紙を逆回転させることができるのですから、この原理は先に述べた「生命計量器」と同じであることは明らかです。

ですが、こういう実験は、誰でもすぐに成功するとはかぎりません。思念の集中力や投射力は、人によって違うからです。

もし私たちの手や指から一種の電気が出て、それに動力的、磁力的な一種の波があり、しかも、私たちの意識、また無意識な思いによって変化するものだとすると、テーブル・ターニング（念力でテーブルを動かす実験）やウイジャ板（日本のコックリさんと類似のもの）など、霊媒師が神秘会や心霊会などで行なうあらゆる不思議なことなども説明がつくわけです。

エール大学ではあらゆる生物は自ら発散する電気的な雰囲気に包まれていることを、デューク大学では、思考や念力は物体を動かすものであるということを実証するために、いろいろな研究実験を進めています。

そういう考え方の裏づけになる事実を一つここに掲げてみましょう。ウェスティングハウス・エレクトリック社の調査技師P・タマス博士が、アメリカ技師協会で次のように述べているのです。

「私たちが仕事をしたり、話をしたり、ものを思っているときは、いつも必ずなにかの放射が行なわれている。その放射は電気的なものだと思われる。近い将来に私たちは、人格や念力の放射を電気反応としてとらえて、それを解釈できるようになるだろう。近いうちに、その解決を見る時期がくると期待が持てるようになった」

思いの強弱は創造力に影響する

思いの放射ということをさらに理解していただくために、簡単な説明を試みましょう。池の水面へ投げた小石は、水面に当たるとともにさざ波の輪を四方へ次々と送り出します。輪は際限なく広がっていって、岸へ届くと消えてしまいます。投げた石が大きければ大きいほど、波も高く大きいわけです。大きさや重さの違う二つの石を同時に近接したところへ投げ込むと、二つとも波の輪を出して、その波はあるところで重なりあいます。私たちの肉眼に見えるかぎり、もしも輪が同じ大きさであれば、二つは出会ったところで止まるか融合してしまいます。が、もし一方の波が片方の波よりも大きければ、大きいほうが小さい波の上を越して、小さい波の痕跡の上をさらに遠くへ波及していきます。

このことを、私たちの心の波及力と比べて考えてみることができます。大きいほうの思いは他の思いの波及を止めるか、またはそれを圧倒してしまうのです。強く集中された思いはテンポも速く振動も大きいので、弱い振動を押しのけてすみやかにその創造的仕事をやってのけるわけです。

思考のさまざまな段階――つまり意識の深さ、思いの集中度、信念の強弱など――が、外界へ送り出す力の濃度や強度を意味するわけです。創造的な力が出てくるのは、思いが立派に熟したとき、心の中に求めるものの鮮明なイメージが描けたとき、目的物である、家や自動車などの品物の絵が心眼にはっきり見えたときです。そういうときにはじめて、その欲求を実現させる創造力が出てくるのです。

私は、いわゆる神秘的宗教の教理や心理学の技術、正統派の教会の教えなども数多く研究しましたが、いずれも、その信者個人が持つ信仰や信念の強弱に応じてきくわけです。祈りの効果も同様で、教会のお勤めとして祈願しようと、個人が自発的にひそかに祈ろうと同じことです。

かつて『土曜文学評論』誌にT・サグルーという人がこう書いていました。

「精神治療の運動は急速に発達して、いまやいたるところで流行し、男女ともに驚嘆するばかりの効果をおさめている。ある六二歳の婦人は半身不随で、指は関節炎で曲がっていたが、インドのヨーガ行者の行なう呼吸法によって、完全に健康を取りもどした。その後の彼女は、人目には四〇歳ぐらいにしか見えない。もう一人の婦人は、神秘的な心理療法で好結果をおさめ、実際よりも一五歳も若く見えるようになった。また、隠退した伝道師で一二年間も心霊実験をつづけている人も、驚くばかりの成果をおさめている」

そういうことから私は、たった一つの結論を得るのです。すなわち、**あらゆる組織、信条、宗教の流派などはみな、それ自体よりもむしろ、各個人の堅い信仰や信念を要因として効果を現わす**――すなわち、私の言う「信念は魔術である」ということになるわけです。

潜在意識が奇跡を起こす

オーストリアの有名な精神医学者フロイトの著述は精神科医の教科書のようなものになっていますが、世界で注目を集めたこの人の仮説はこういうものです。

「私たちの心の中にはなにか強力なものがあるが、いまのところ、その力にはっきりした説明を与えることができない。それは、意識できる心とはまったく別のもので、私たちの思想、感情、行動のみなもととしてたえずはたらいている」

ほかの学者はこれを魂と呼び、一部の心理学者は、その存在する場所を太陽神経叢（胃のうしろで脊髄の前あたりにある自律神経の集まり）だとします。また、それは超自我、内部の力、超意識、無意識、潜在意識などといろいろな言葉で呼ばれています。

それは一つの器官でもなければ肉体的物質でもなく、科学者もまだ人体のどこにそれが存在しているかということを確実に突きとめてはいません。にもかかわらず、それが実在していることは明らかで、有史以来、人類はそれを実存のものとして考えています。

昔の人はこれを「霊魂」と呼びました。先に名をあげたスイスのパラケルススは意志と名づけ、ほかの人びとは脳に付随する精神の一部と見ています。一部の人は良心と呼び、「肉体の中のひそかな小さい声」の主であるとしています。また、さらにある一部の人たちは、私たちすべての人間につながる至高の知性であると主張し、宇宙精神と名づけ、すべての人類や動植物にまであまねくいきわたるものだとしています。

私はそれを**潜在意識**と呼びたいのですが、どのような名前で呼んだとしても構いません。

その力の極限はいまだに明らかにされていませんが、人の生命のエッセンスで、一生涯を通じて四六時中決して眠ることがないものです。なにか大きな危険のときは、必ずその人の救命に乗り出してきます。目の前になにか怪しいものが迫ったときは、それを知らせてくれます。私たちの力を持ってしてはとうてい不可能なことさえも成しとげてくれます。さまざまな方法で私たちを導き、これを正しく利用しさえすれば、いわゆる奇跡も行なわせてくれるのです。

客観的には、それは命じられるとおりのこと、すなわち顕在意識が命令したことをしてくれるのです。しかし、主観的には、それ自らの意志によって行動しています。外部から受ける影響の結果としての行動に見えても、です。

この問題を研究している学者たちは、潜在意識と直接交信できるようになるとどんなすばらしいことを成しとげられるかを知っています。遠い昔から、何万という人びとは財産や権力や名声を握るために、また、病気を治し、人間の持つたくさんの難題を解決するためにこの潜在意識を使ってきたのでした。

探し物から発明まで

あなたのとるべき唯一の道は、この威力を信じて、私がこの本で説明するサイエンスを技術として使うことです。

あるいは、あなた自身が使いこなすための、あなた流の方法を発見なさるのもいいことでしょう。

アメリカの短評家としてかつて有名だったD・スリースは、潜在意識というものは重宝なもので、アイデアを生みだすうえに助けになるばかりでなく、置き忘れた道具なども捜し出してくれる、と私に語りました。スリースはそのころ都心を遠く離れた山間に住んでいて、短評の名筆をふるうかたわら田園を耕していました。彼は潜在意識を深く研究し、そのことで私と論議をかわしたり、手紙を交換したりしました。次はその手紙の一つです。

「潜在意識というのは驚くべきもので、世間の人がなぜもっとこれを研究して日常生活に利用しないのか、私にはわからない。私はこのお陰で何千回助けられ、難関を無事に切り抜けたかわからない。特集記事のアイデアにしても、木の根っこを掘り起こすような原始的な仕事の最中に、ひょっこり頭に浮かんでくる。

どこかに置き忘れた道具類を見つけ出すことなどはまさにお手のものだ。置き忘れたか落としたか、いずれにしろ、あるべきところにあるに決まっている。置き違えた道具を捜し出すとき、ぼくの潜在意識がある場所を捜せと暗示してくれたことが、何十回あったかわからない。方法はこうだ。かりにポケット・ナイフをなくしたとする。ぼくのは相当に大きいものだが、それを置き間違えたか落とした場合、ぼくはこう言う。『ポケット・ナイフよ、おまえはどこにいるのか？』そして、ちょっと目をつぶる。または空間をぼんやり見つめる。すると答えはたいがい即座にやってくる。必ず閃光のようにひらめいてくるのだ。ぼくをナイフのあり場へまっすぐに連れて行ってくれる。潜在意識は間違いなくはたらいてくれる。手斧やクマデなど、ぼくはしょっちゅうそこらじゅうへ置き散らすのだ。ご承知のように新聞育ちは、だらしがないからね。

ぼくは、どこからこんなコツを習ったのかおぼえはない。しかし、度忘れたしたことを思い出そうとするとき、ぼくは、ゆったりとくつろいで頭をあげ、右手を一インチか二インチばかり額の上へやる。どうかすると目を閉じるか、ぼんやりと空間を見つめる。こんなちょっとした細工で、たいていうまくいく」

「発明や大作曲、詩、小説、そのほか独創的な労作の大きな思想などはみな潜在意識からくるものだ、ということは忘れるべきでない。潜在意識に思考と材料を与え、心の底からの欲求をそえて、勝手に仕事をするように念じてごらん。きっと成果があがってくる」

「昔の人の言葉だが、われわれが織りはじめれば、神さまが糸を出してくださるものだ。うそではない。この力をたよりに仕事を始めると、魔術師の手が触れるように自動的にものごとはしかるべき場所へおさまって、万事うまく進行する。そして成果は驚くべき手順でそれにつづいて出てくるのだ。完成へのアイデアはそこここに湧いてくる。偶然に湧いてきたように見えることも、決して偶然ではないのだ。織りはじめたときと同じはたらきがつづいているのだ」

「何千という成功者たちは、潜在意識のことなどまったく知らずに高名になったり、驚嘆に値する成果をおさめたりするのだとぼくは確信している。成功したのは潜在意識の力のためだということを、本人が知らなかっただけのことだ。潜在意識の威力がわれわれの生活を築きあげ、かつわれわれを支配するもっとも偉大な力であることを科学が証明する日は、いつか必ずくるとぼくは堅く信じる」

心に完全なイメージをつくる

頭の中を通り過ぎていく瞬間的なひらめきは、生まれてすぐ死ぬカゲロウのようなものです。寄せ集めてようやく一つの力の要素になるくらいの値うちしかありません。

しかし潜在意識は一つの大きな機構のもので、それを動員する力は、継続した思い、あるいはすでに述べたように、心にはっきりと固定されたイメージです。

潜在意識を動員するために、理性、すなわち顕在意識の波動のテンポを高める方法もいろいろあります。が、ときにはわずか一言、一人の人からの簡単な一、二の言葉とそれにともなう目くばせなどによって、潜在意識はたちまち活動を始めるようなこともあります。また、大災害や一大危機の寸前、ただちに行動を起こす必要があるときには潜在意識が突如としてはたらき、瞬間的に決断を下すよう、人を助けます。つまり、いろいろな雑念や矛盾した思考を意識から払いのけることによって、潜在意識の活動が始まるのです。「沈思黙考」というのはその一つの表現です。

潜在意識を活用するもっとも有効な方法は、心にイメージを描くことです。想像力を十分にはたらかせて、求めている品、または希望する地位など、実際に欲求するそのものを、あるがままに完全な映像として心の目に見ることです。目に浮かぶようだという言い回しがありますが、その言葉どおりに望むことを思い描くことです。

しかし、もっとも継続性があるのは信仰、すなわち信念から起こるものです。この信念の力によって奇跡が起こり、説明のつかない不思議な現象が現われます。私が言うのは、深いところに根ざした信仰、全身の骨や血にも満ちる積極的な堅い信念、心も魂も打ち込んだ信念です。感情の高潮、霊の力、電気的な振動――なんと呼ぼうともそれはあなたの自由ですが、**そうした力が引き寄せの法則をはたらかせ、思いつづけたことを物体と結びつける**のです。

信念は心や思考の周波数やテンポを変更させ、大きな蓄電池のように潜在意識を始動させ、あなたの全身を包む霊光を変容させて、周囲のものすべてに力を及ぼし、どうかすると遠方にいる人や物体までも動かすことができます。あなたの生活の中に、よもやこんなことが……と夢にも思わなかったような驚くべきことが起こるのです。

聖書にはそういうことが多く書かれています。宗教団体、結社、政治グループなどの入会条件にも、そういうことが書かれているものがあります。強い信念の振動波に荷電された人こそ、奇跡的なこと、私たちがよく「信じられない」というようなことを成しとげるのです。

そういう信念は魔力のひらめきを見せます。文明人も野蛮人も、有史以来この方、それを魔術の土台として持ちつづけているのです。

第3章 潜在意識のはたらき

繰り返すことの大切さ

フランスの心理学者で『無意識から意識へ』という本の著者G・ジュレイは、次のように述べています。

「美術家、科学者、文豪などは、たとえ自己分析を試みたことのない人でも、潜在意識がどんなに大切なものであるかをよく知っている。そうでない人はおそらくいないだろう。顕在意識と潜在意識がしっくり調和して一緒にはたらくと、人生の最大の成功が約束される。にもかかわらず、前世紀までは、潜在意識の心理学的研究はまったくかえりみられなかった。潜在意識は、病気のときかなにかの事故のときに、ひょっ

――こり頭をもたげる異常な現象と考えられていた」

私の「信念の魔術」では、潜在意識はもっとも大切な役割を持つものです。ですから、もしそのはっきりした形を正確に頭に描き、それが体内のどこにあるのか、そしてまた顕在意識と一緒にどんなふうにはたらくのかを知って、その本質をつかむことができれば、私の述べるサイエンスをすみやかに身につけることができるわけです。

この章で述べることのいくつかは、これからあとの章において、何回も繰り返されるでしょう。**このサイエンスの大切なコツは、繰り返すこと**なのです。繰り返し述べることによって、このサイエンスを有効に身につけることができます。ことにこのサイエンスを早く理解すればするほど、すみやかにあなたの欲求を達成する道へ出ることができて、その道をりっぱに歩めるわけです。

まず、潜在意識を頭の中に一つの絵としてはっきり描くためには、科学的な用語を使わないわけにはいきません。というのは、潜在意識は世界中の偉大な心理学者たちの研究や実験のすえに、ようやく全体の姿が明らかにされたものだからです。したがって、もし多少とも理解しにくいところがあれば、繰り返し読みなおしていただきたいのです。

繰り返して読まれるうちに、必ずはっきり理解できるようになるでしょうし、また、それによってこのサイエンスの核心に触れることもでき、大切な土台が築けるでしょう。

誰しも潜在意識を持っている

私がこの潜在意識を考えはじめたのは、T・J・ハドソンの『心理現象の法則』を読んでからです。この本で私は、潜在意識がどんなふうに各個人の日常生活の助けとなって、どんな偉大な仕事を行なうかを知ったのです。その後も多くの名著を読んで、さらに認識を深めることができました。

私は、顕在と潜在の二つの意識の本質をあなたの頭の中にはっきりと描いて、その二つの関係や作用を、学者の最近の発見と照らし合わせながら説明したいと思います。そして、それをどう取り扱い、欲求を満たすうえにどう役立てるか、また、そもそもどう役立つのかということについて、正しい説明や手ほどきをしたいのです。

「成功したいという欲求さえあれば、誰でも必ず成功できる能力が、潜在意識としてからだの中に眠っている」

これは『潜在意識は語る』という本を書いた著者P・C・フェレルとその娘さんの言葉

です。そういう「能力」がほかに類のない不思議なものであることは古くから知られていましたが、一世紀ほど前になってようやく心理学者たちの研究や実験の対象となり、やがて潜在意識と呼ばれるようになりました。

二つの意識の役割

いままでは顕在と潜在の二つの意識というものは、広く知られています。そしてその一つひとつにはっきりと分かれた独特の性質や能力があって、それぞれその場の事態に応じて独立の行動をするということも知られています。

はっきりわかるのは、顕在意識は脳の中ではたらいているということです。一生懸命に考えるとき、それが脳の中で行なわれていると感じるのはむずかしいことではありません。長い時間にわたって考えつづければ頭が痛くなり、目も疲れ、コメカミのあたりがずきずきすることもあります。

また、そんなふうに考え込ませる原因はなんであろうかということを突き止めることも、さしてむずかしくはありません。だいたいが見たことや聞いたこと、または読んだことなどが原因ですし、仕事のことや家庭のいざこざが原因のときもあるでしょう。あるいは、長いあいだ考えてきた問題かもしれません。

ときには、むずかしい問題の解決に全力を挙げて没頭したために疲れきり、しかも解答がついぞ見つからないのに絶望して、意識的にすべてをきれいさっぱりと「あきらめ」たり「投げ出し」たり「心から放逐」してしまうことがあります。そういう体験は、たとえば苦しい問題などに悩まされ、それが頭にこびりついて離れないためにどうしても眠れない夜などにはよくあることです。

あなたがそうして考えていたことを頭から「突き放し」てしまうと、それはたちまちどこかへ沈んでいって、からだのどこか下のほうへ退いていくような感じになります。すると心の緊張もたちまちほぐれてきて、まもなく眠りに落ちることができるのです。

翌朝目をさますと、再び、こつぜんとしてあなたの心眼の前にその難題のイメージが浮かびます。すると、驚いたことに問題がすっかり解決されているだけではなく、これからどういう行動に出ればいいのかという大切な指図まで、同時に浮かびあがるのです。

前夜苦しんだ難題は、あなたが意識から突き放した後、いったい、どこへいっていたのでしょうか？　さらに体内のどういう力によって、そのむずかしい問題が解決されたのでしょうか？

多くの作家、雄弁家、デザイナー、作曲家、発明家、そのほか創造力にたよる仕事をする人たちは、古い時代から、意識的あるいは無意識的に潜在意識を使ってきたのです。

アメリカの小説家L・ブロムフィールドは、次のように言っています。

「ほかの作家たちもそうだろうが、かなり昔、ある大切なことを発見した。それは心理学者が潜在意識と名づける心の一部が、われらの心の中に確かにあるということである。眠っているとき、休んでいるとき、あるいは文筆以外の仕事をしているときに、なんの前ぶれもなく突如としてはたらいてくれるものがある。私は心のこの部分を訓練すれば、仕事に役立たせられることを知った。朝起きると、技巧のことや構想や作中の人物のことなど、長いあいだ私を悩ました問題がことごとく解決されているのを発見した。潜在意識は本能と積年の経験の集積で、少しも判断を誤らない。私は長いあいだ理詰めに熟考した末に決断していたことを、そっくり潜在意識の裁決にゆだねて信頼している」

顕在と潜在の二つの心について、あなたも概略をつかまれたと思います。顕在意識は頭脳に宿っていて、意識の表面に出てきます。潜在意識は体内にあって意識の線よりも下にかくれています。そしてその両者のあいだには、なにか通じるものがあるのです。

顕在意識は思考の根源

さて、**思考のみなもとは顕在意識**です。また、めざめているときの日常生活の知覚もその意識です。私たちが現在ここにいるという知覚、環境を認めそれを理解する力、どこへ心を向けるかを指揮する能力、過去のできごとの想起、感情とその原因を知る力なども顕在意識です。もっと具体的にいえば、私たちの周囲のものや人、成功や失敗の体験、議論の正否、芸術作品の美醜などを合理的に知るのはその意識のおかげです。

顕在意識のおもな力は理性、論理、形式、批判、計算、道義心、道徳心などです。私たちはその力で外界を認識します。その手段となるのは五感です。顕在意識は私たちの肉体を満たす必要から生まれてきたものであり、物質的環境との戦いにおいて、私たちを導いてくれるものでもあります。その最大の任務は理性を使い、あらゆる方法をもって帰納や推理、分析を総合して思考をめぐらすことです。

たとえば、仮にあなたが新しい血清を発見するという医学上の新研究を試みるとします。すると、まず意識をはたらかせ、理性の帰納力を活用させます。そして、事実と感覚による認識を、小さいデータにいたるまでことごとく取りそろえます。

次に、それら一つひとつを比較し、似た点や違った点に気をくばる。それらのうちの性質や機能の同じものを選びだしてひとまとめにし、一つの概括的な法則を見出そうと試みる。すなわち、これこれの性質のこれこれのものは、こういう方向に作用する、というふうに全体を示すような一つの発見をめざすわけです。

それは一つの知識に到達する科学的方法で、大学などの近代教育の根本を成すものです。だいたいそんな方法で私たちは、人間、社会、事業、職業または経済的なさまざまな問題を解決するわけです。

こういうふうに良識をはたらかせることによって多くの問題は解決します。しかし、ときにはなにかの理由で、どうしても解決できないことが現われ、それがいつまでも尾を引きます。そうすると私たちは疲れはて、それ以上努力をつづける勇気もなくなり、自信を失い、やがて絶望に打ちひしがれ、この仕事はとうてい見込みがないとあきらめて、やけくそになります。

そういうときに、はじめて潜在意識が頭をもたげて、その急場の指令を握るのです。すなわち、私たちに自信を取りもどさせ、困難の克服に力を貸し、仕事を完成の道へ引きもどしてくれるのです。

潜在意識はエネルギーのみなもと

顕在意識が思考の源泉であるように、潜在意識は力のみなもとです。また生涯における偉大な原動力の一つでもあります。それは本能に根ざし、各人の根本的な欲求をよく知っています。そして顕在意識へ浮かび上がろうとして、どこか下のほうから上のほうへ押し上がる努力を、常に持ちつづけているのです。

また、潜在意識はほかの人びとや外界から入ってくる無意識の印象や記憶の宝庫でもあります。五感が取り入れた事実や体験など顕在意識がたえず送り込んでくるものを大切に保存し、いつでも要求に応じて使える資料の巨大な貯蔵庫として、いつか顕在意識が使ってくれるのを待っているのです。

しかし、潜在意識の任務はそれだけではありません。各個人のエネルギー源として、一種の発電所のような大切な役目もします。人はそこから活力を補給され、力と勇気が培われ、また自身への信頼感を与えられるのです。

潜在意識は空間と時間を超越します。たとえて言えば、強力な発信と受信を兼用する放送所のような仕事をし、宇宙に広がる放送網と連絡し、物理的、心理的、精神的な世界や、また霊的な世界にも及んで、過去、現在ならびに未来との交信を行なうこともできるのです。これは、多くの研究家が主張していることです。あなたの潜在意識はそれほどの威力を持つものです。これを突き詰めると、**過去の情緒と知恵の集積、現在の感覚と知識、未来の思考とイメージをすべて握っているのは潜在意識**だということです。

エマソンは「本能」という言葉を使い、それはすぐれた特質を持つと言いました。次の文意から推すと、その本能とは明らかに潜在意識を指しています。

「思考や行動のほんとうの知恵は、この本能から出てくるものである。その知恵がわれわれのところへくるにはかなり手間どるが、それを不満に思ってはならない。人生のあらゆる局面においてこの本能を利用することは、まことに賢明である。あらゆる機会に、この本能の先導に従うくせをつけるべきである。その導きに頼ることに決めさえすれば、知恵は使うに従って湧いてくる」

潜在意識の威力は多面的です。記憶や力のみなもとであることは言うまでもなく、直観、情緒、確信、インスピレーション、暗示、推理、想像力、組織力なども挙げられるでしょう。潜在意識は肉体の感覚器官にたよらずに、まったく別の方法、つまり**直観による認識で外界を把握**します。感覚機能が活動をやめているとき、潜在意識はもっとも活発にはたらいて、最高の機能を発揮します。しかも、睡眠中はもとより、覚醒時にもその力をはたらかすことがあります。それは明らかに一つの独立した存在で、独自の力と機能を持つ珍しい精神機構で、肉体と生命に緊密につながりながらも独立した活動もします。

潜在意識の三つの役割

潜在意識は、おもに次の三つの機能を持っています。

①肉体の必要を直観的にさとり、意識の力を借りずに肉体の安全と生存のために力をつくす。

②一大危機に際してただちに行動を起こして肉体の救援におもむき、顕在意識とは独立して最高の指揮権をふるい、驚くばかりの確信や理解を持って、迅速かつ正確に生命を救うために活躍する。

③霊の世界、すなわちテレパシー、透視、念力などにも潜在意識の心理能力がはたらく。また、緊急時には顕在意識の応援に乗り出し、要求を待たずに潜在意識独自の威力と裁量をはたらかせて死活的な問題の解決に当たり、個人の欲求なども実現させる。

私がここで取りあげたいのは、第三の機能のうちの、特に大切な最後の部分、すなわち**欲求達成の項**です。そこで、潜在意識を特にあなたのしあわせのためにはたらかせるにはどうすればいいのか、技術的な方法が問題となるわけです。

それでは、潜在意識の機能と威力を知って、それを覚醒させ、その活躍をうながすには、どうすればいいのでしょうか。

望みを実現させるステップ

その答えを一言で述べましょう。まず、**あなたの力の及ぶ範囲内にあるもの、自ら成しとげうると思う能力の限度内にあるものを欲求として選ぶことが大切**です。無謀かつ不合理な要求は慎まなければなりません。潜在意識はその人の実力の線にそってのみ力を発揮するからです。それから忍耐を持って目的が達成されるのを待つ心構えと、達成されることに絶対の信念を置くことも大切です。フランスの哲学者T・S・ジュフロワは、「潜在意識は、信じようとしない人のためには、はたらこうとしないものである」と言っています。

次に、欲求を潜在意識へ送るときは、その欲求はすでに満たされたのだ、という心構えで、それを既成の事実としてとらえることも学ばなければなりません。言葉を換えると、それがみごと成就したのだというふうに感じ、思うことが必要です。

さらにもう一歩進めて、成功したときの状況を現実のように、心の目にありありと見ていなければなりません。つまり欲求していることを達成させた姿、あるいはあこがれている立場にすでに立っている実際の姿を、さながら現実のイメージとして心眼に見ることが必要です。

そして最後の段階として、潜在意識が欲求の細部までをことごとく消化吸収して、あなたのためにその一つひとつを実現する仕事にかかるのを、おとなしく待たなければなりません。

やがて、待ちこがれるあなたの顕在意識へ潜在意識独特の設計企画が断片的に流れ込んでくるにしたがって、欲求への道程がほぐれるようにわかってきて、それとともに、これからどういうふうに行動すればよいかという方針も目で見るように明らかになってきます。そのときには、ためらうことなくただちにその方針に従って行動すればよいでしょう。

心のうちにためらいがあってはなりません。潜在意識が告げることを素直に受け入れて、それを理解したならば、さっそくそのとおりに行動に移していけばよいのです。そうすることによってのみ、潜在意識はあなたに奉仕し、あなたの要求に応じてはたらきをつづけてくれます。

しかし、あなたの欲求は、以上述べたような方法でことごとく解決されるとはかぎりません。建築設計の「青写真」のように完成されたものを手にして、その図面どおりに実行さえすればあなたをゴールへひとりでに導いてくれるというふうな、完全なものとは違うこともありえます。

むしろそれとは趣をまったく異にして、不思議な力がときおりあなたの体内に強い衝動を起こすことがあります。なんら特に意味もないような、あるいはなんの論理的つながりもないかに見えるようなことを、どうしてもしなければおさまらない衝動にかられて、不思議な感に打たれることもあります。それでよいのです。

潜在意識の威力や知恵に頼って、その一見なんの理由もないようなことを、素直に行ないさえすればよいのです。そうしていると、いつの日にか、かつて欲求していたものがこつぜんと目の前に現れ、潜在意識に助けられつつ、偶然そこに立っているあなた自身を見出すことがあります。手を伸ばしさえすれば、あなたが待望した、また待望していることがらが達成の直前にあるということに気づいて、びっくりするわけです。

そのとき過去を振り返ってみると、あなたが歩んできたさまざまの道のりが、論理にかなった一連のできごとの連鎖として、あなたの目にも、なるほどと合点がいくでしょう。そして最終的に、あなたの心の底からの望みや欲求、そして成功を報酬として受けとることができるのです!

第4章 暗示は力だ

信念こそ身を助ける力

「自分にはできると思いなさい。そうすればきっとできますよ」という言葉を耳にされたことが何度もあるでしょう。たとえどんな仕事であろうとも、自分にはできるという信念を持って取り組めば、たいていはりっぱに成しとげられるものです。

成功へ導く発奮力や始動力というものは、信念を持つことにあります。「さあ、みんな、がんばろうぜ。敵を破るんだ」とリーダーが気合を入れるのは、フットボールの試合でも、戦場でも、あるいはビジネスの争いでも同じことです。そんなふうに叫ばれる信念の声が、電撃のように士気をあおり、みんなをふるい立たせ、負けいくさを盛りかえして成功へ、不利の態勢を勝利へ転じるのです！

——これは、誰か一人の偉大な信念の持ち主が、必ずできると自信を持つことから起こることです。

船が難破して、岩礁へ打ち寄せる波へ投げ出されたとします。もうだめだと思ったら最後、助かりません。しかし、そのとき突如として、なんとかして助かろう、なんとしても自力でこの危機を切り抜けるのだ、と積極的な気持ちが盛り上がってきたとします。そうなればしめたもので、それは信念というものに形成されていくのです。その信念とともに、あなたを助ける力がどこからかおとずれてくるのです。

哲学者エマソンは、「逆境に陥ったとき、あるいは危急に直面した場合には、われわれの無意識の行動が常に最上のものである」と、述べています。

潜在意識は偉大な力の貯蔵庫です。このことを証明する話は、数限りなくあります。潜在意識の命じるままに行動したために、あるいは潜在意識がその超人的な力を発揮したために、ひ弱な男や女さえも、ふだんの実力を超えて思いもよらない仕事を成しとげた例はたくさんあります。有名な作家や雄弁家も、潜在意識は思想の流れを無限に供給してくれるものだといって驚嘆しています。

反復の力が暗示を生む

多くの神秘的な宗教や、さまざまの聖訓や、心理学関係のものを研究してみると、それらすべての根底はみな一つであることがわかります。

それは、繰り返し、すなわち「**反復すること**」なのです。このことを発見して、私は大きな驚きに打ち震えました。たとえばある動作や言葉、形式などを反復したり、意味もないことをムニャムニャと繰り返すだけでも、そこには深い意味が生まれることを知ったのです。

宗教研究の権威W・シーブルックの言葉によると、未開の地の魔術師やブーズー教の高僧、そのほか多くの奇怪な宗教の信奉者たちは、なにか一つのことを反復することによって、神霊を呼びだして悪霊の魔術を行なうのです。さまざまな宗教の聖歌やおまじない、祈りはもちろんのこと、繰り返すほどよいとされる毎日のお勤めなども、みなそれです。ありていに言えば、あらゆる宗教の根底はこれなのです。未開人の魔術は悪霊を呼び、文明人のそれは善の霊にすがるという点が違うだけで、簡単なことがらの繰り返しという点はみな同じです。

もっと観察を広げていくと、世界各地の伝統芸能に見られる、太鼓やドラをたたいて単調な音を繰り返すのもまったく同じ原理です。その音波の振動が人びとの心の霊性にひびいて、その刺激から彼らは興奮し、ついには死ぬこともいとわぬくらいにまで情緒を高めていくのです。アメリカ先住民の戦いの前の踊りも肉体運動の繰り返しであり、雨乞いの儀式も、イスラム教徒のスーフィーダンスや戦場の突撃ラッパ、作業能率を高めるために工場で流す音楽も、まったく同じ原理です。

どんな宗教、宗派あるいは集団でも、神秘的なものであるなしを問わず、言葉の繰り返しを要素とする決まった祭式があります。そこに暗示の力が現われることはいうまでもありません。暗示の力によって、それぞれの教えに応じた現象が現われてくるのです。

それは、自己暗示、また外来暗示（外からくるもの）のいずれを問わず、体内のある機能の活動をうながし、潜在意識の創造的な仕事を起こさせるのです。同じ宗教、同じ呪文、同じ誓いを繰り返していると、いつしか信仰や信念を持つようになります。いったんその信念がしっかりと根を張れば、いろいろな現象が起こってくるのです。

反復暗示の威力

かつてヒトラーはこの力や手法を用いて、ドイツ民族を統合し、世界征服への一歩を踏み出しました。彼の『わが闘争』を読むと、それがはっきりわかります。ヒトラーは暗示の理論に通じ、それを活用する手段にかけては驚くばかりの達人でした。名優の演技の冴えをもって、彼はあらゆるプロパガンダ（宣伝）を用い、大規模な暗示作戦に乗り出しました。彼は、「暗示の心理技術は、その使用法を知る人の手に渡ると恐ろしい武器になる」と公言しています。ドイツ人は、彼らこそは選ばれた民族であると聞かされ、その催眠術的効果は信念となり、それはさらに暗示の繰り返しによって強化され、ついに彼らは行動によってその実証を試みたわけです。

ムッソリーニも同じ暗示の原理にもとづいて、イタリアを世界の陽のあたる場所に連れ出そうと試みましたし、スターリンも、ロシアをいまの姿へ導くまでには同じサイエンスを活用しました。アメリカの現代催眠学会は、スターリンがロシア国民に自信を持たせようと反復暗示の威力を用いていたことから、スターリンを「催眠術者の目」を持つ世界の十傑の一人に選び、「大衆催眠術者」の烙印を押しました。

日本の軍部も、国民を強烈な戦士にしたてることを伝統としてきました。日本の子どもたちは生まれおちると運命の「天の子」だと教えられ、それが暗示となりました。そして、自らそう祈り、歌い、かつ信じて成長していったのです。

日露戦争以来、何十年間、日本人は、海軍の杉野兵曹長を決死の闘士として一大英雄に祭りあげるとともに、幾多の記念碑を建て、歌や英雄談も語り聞かされ、青年はこの先人にならって決死隊となるのが最高の名誉だと教えられてきました。

しかし、旅順港口でロシア艦隊を封じ込める閉塞船を自沈したとき、戦死したと思われた杉野は実は死んでいませんでした。中国のボートに救われていたのですが、本国では一大英雄とあがめられていると聞いて、永久に世に出ない決意をし、満州にとどまったということです。戦後、彼は健康で生きながらえている、とＡＰ通信は伝えました。

彼のような死に方をすることが英雄の証であり最大の偉業であると日本の青年は教えられ、それに従いました。その深く堅い信念は架空の事実にもとづいたにもかかわらず、多くの日本の若者を進んで死におもむかせたのです。

アメリカ人も第一、第二次大戦を通じて暗示の力に圧倒され、あらゆる個人的な考えはまひして、大衆は決まった型にはめられました。戦争はすべて無条件に勝利しなければならぬ、という型です。

「戦時においては、異説はすなわち反逆である」と、誰かが嘆きましたが、ここにも反復される思想の恐るべき力が見られたのです。この力が国民を支配し、国民はその命じるままに動かないわけにはいかなかったのです。

暗示で人を動かす

繰り返される暗示の威力は、私たちの理性を殺して感情に直接作用し、果ては潜在意識の深底にまで入り込みます。これは、広告を成功させるための基本原理です。つまり、暗示を反復しつづけてあることを信じ込ませ、世間の人びとが争って買いたがるようにするのです。

最近はビタミンの狂騒時代です。世界中の人びとは、こっちからもあっちからも、日常生活のあらゆる面からビタミン広告の攻勢にあった結果、みなこぞってカプセル入りビタミン剤などを買います。その価値を繰り返し暗示する広告には、大変な威力があるのです。

また何百年もの長いあいだ、トマトは毒だと思われていたために人類はこれを口にしなかったのですが、誰かこわいもの知らずの人がこれを食べてみたところ死ななかったので、今日では何百万という人びとが食べているのです。わずか一〇〇年前まで、トマトは人間の食えるものではないという暗示を受けていたのですが、いまではそんなことはまったくありません。

すべて大宗教運動の宗祖たちは、暗示を繰り返すことがいかに威力があるかをよく知っていて、それを巧みに使い、大きな成果をおさめました。私たちの信奉する宗教の教えは、われわれが生まれ落ちたときから語り聞かされ、またそれ以前には父や母、それ以前はその両親、さらにその両親と、何世代にもさかのぼって耳に注ぎ込まれています。そこには、そういうことを信じることから由来する魔術が、必ず力を及ぼしているのです。

「夢中になっているときは痛くない」
「無知は幸福である」

などという言葉にも深い意味があります。私たちは意識してはじめて危害を感じ、苦痛を味わうものです。できないことだとは知らずに勇敢に突進したために、不可能なことをも成しとげた人の話をよく聞くでしょう。

赤ん坊は二つの恐怖しか知らない、と心理学者は言います。大きい音への恐れと、高いところから落ちることへの恐怖です。私たちの抱くそのほかの恐怖は、すべて知識から、または経験の結果から生まれるわけです。すなわち、教えられたり聞いたり見たりしたことから、恐怖心が生み出されるのです。

樫の木のように強く、周囲を取りまく思想の逆流の中でもしっかり立つ人を私は頼もしいと思います。ですが、たいていの人は、苗木のように微風にも動かされ、結局は、吹きつける思考の強風と同じ方向に伸びていくようになるのです。

聖書には思想の力、暗示の力を示す多くの事例があります。旧約聖書には、ヤコブという男が、ところどころ皮をそいでまだら模様にした木や枝をウシやヤギが水を飲む水槽のそばに立て、珍しい斑点の家畜をつくって大もうけをした話が出ています。家畜は水を飲みにきて、そのほとりではらみ、斑点のある仔を産んだというのです。

オルレアンのかよわい少女ジャンヌ・ダルクは、神の声を聞いて、その暗示の力でフランスを救う使命がおのれにあると感じ、必ず勝つという信念を兵士たちの胸に植えつけて、はるかに強大なイギリス軍を破りました。

アメリカの近代心理学の父、W・ジェームズは、疑わしい事業を前にして成功を握る唯一の条件は、信じることであると言いました。彼によると、信じることは人間より上のものの力にすがって、その発動をうながすというのです。

言い換えれば、信念はなにかの現象を発現させるということです。

スポーツにも使われる暗示の力

これとは別に、スポーツ界を見てみましょう。フットボールや野球などで、暗示の威力がどんなものであるかは誰でも知っています。ノートルダム大学のフットボールチームの名コーチ、K・ロクニは、暗示には偉大な力があることを知って、常にこれを活用しました。それぞれのチームの性格に合わせて、その使い方を変えるコツさえも彼は知っていました。

ある日、ノートルダムのチームはいつになくできが悪く、前半の終わりにはしごくだらしのない醜態を見せました。選手たちがロッカールームで神経をいらだたせてロクニが来るのを待っていると、入り口のドアが少しばかり開き、そのすきまからロクニがそっと顔をのぞかせました。そして、ひととおり選手たちを見まわしたのち、
「ああ失礼。ノートルダムのチームの部屋と勘違いしました」
といって戸を閉め、彼の姿はそのまま消えてしまいました。チームの選手たちはまずあっけにとられ、ついで一同は愚弄されたとわかって怒りに燃え、後半のゲームに出ていきました――そして、ついに勝利をおさめたのです。

ロクニが、そのほかいろいろなチームに対して心理効果を使い分け、暗示の「魔術」を使ってチームをどのように盛り上げていったかは、いつまでも語り草となっています。たとえば、ロクニの激励の言葉を録音して、試合前のチームに繰り返し聞かせたコーチもいました。

スポーツ界にはこのような暗示にまつわる話はずいぶん多いのです。

デトロイト・タイガースのM・コクレンは、文字どおり二流揃いだった野球チームを、暗示の反復をもって、アメリカン・リーグのトップへ育てあげました。当時の新聞記事をそのまま引用しましょう。

――「毎日厳しい練習を与えながら、コクレンは勝利の福音を説いた。勝つチームは自力

――で勝利をつかむのだ、ということを繰り返し繰り返し選手たちに植えつけた」

恐怖心が不況や戦争を起こす

それに似たような力が、株価の変動にもはたらいています。悪いニュースはすぐに株価をおさえ、よいニュースはつり上げます。株の本質的価値は変わりありません。が、市場で売り買いを支配する人の考え方は、そういうニュースによってただちに変動し、それが株を持つ一般の人たちの心に反映するのです。実際に起こったできごとではなく、人びとが起こるだろうと信じるその心が、買わせたり売らせたりするのです。

かつての不況時代には、その暗示の力が想像以上に強くはたらきました。「不景気だ。商売はダメだ。銀行がつぶれた」という言葉や倒産のひどい噂を繰り返し耳にしたことで、人びとは繁栄の再来はありえないと信じて絶望したのです。

いかに意志の強い人たちでも、たえず恐怖をかもし出す思想の振動波にひっきりなしに襲われては、意気消沈してしまうのはあたりまえのことです。金銭の動きは敏感なもので、恐怖の暗示がつづけられるところでは、ただちにその反応を現わし、事業は破産し、失業はそのあとを追いかけます。銀行の閉鎖や大企業の倒産の噂はいたるところに満ち、人びとはそれを信じ、それに応じて行動するのです。

人間の恐怖心が、文字どおりに不況時代をつくり出すのだということを世界の人が心に入れるようになったならば、二度と経済不況は襲来しないでしょう。不況を恐れるがゆえに不況に襲われるのです。

戦争もそうです。世界が不況や戦争を思うことをやめたら、現実の世界には存在しなくなるでしょう。私たちが感情的に考え、創造しないかぎり、経済機構の中には不況や戦争など決して侵入を許されないはずです。

有名な心理学者で、長くノースウェスタン大学総長をしていたW・D・スコット博士は、「ビジネスの成功も失敗も、能力によるものではなくて心の持ちようによるものである」と言っていますが、これはまことに至言です。

人間は世界を通じて同じ人間で、同じ感情、同じ影響、同じ振動に支配されるのです。大事業も村も市も国家もすべて個人の集団で、その人たちの考えや信じ方によって支配されるのです。すべては個人が思い、かつ信じるとおりの姿のものとなるのです。全市の人の思うところは全市の姿となり、全国民の思うところは全国の形となる。それは避けることのできない自然の結論です。すべての人は、自分の考えや信念によって形づくられているのです。ソロモン王の言ったとおりです。

「人が胸に思うとおりが、すなわちその人である」と。

イメージが潜在意識を躍動させる

一九三八年十月三十日の夜八時、オーソン・ウェルズ作の、火星から謎の軍隊が襲来したという「世界戦争」と題する小説のラジオ放送は、数百万の人びとを狂乱におとしいれました。おおぜいの人は戸外に走り出て、警察署は群衆に囲まれ、アメリカ東部一帯の電話局は混乱して通信不能となり、ニューヨーク市周辺の交通はストップしてしまったのです。放送後の何時間か、数百万の聴取者はほんとうの恐怖に陥りました。彼らは、火星軍の襲来を真実だと信じたのです。信じることは異常な事件を起こす力を持ちますが、それが現実となった例でしょう。

大切なスポーツ大会の前日、大学などでは気合を入れるために応援大会を開きますが、それも同じ原理です。激励演説や歌、「フレー、フレー」という叫びは暗示となって、勝とうという意欲を高めるのです。

また、メーカーの営業部長が、朝の販売会議で感情を盛り上げるような音楽をかけてセールスマンをやる気にさせた結果、全員がこれまでの販売記録を突破するようになった例もあります。

潜在意識は、顕在意識から暗示のもとになる刺激を与えられます。また、外界からくる刺激は顕在意識を通して受けとります。が、顕在意識がその刺激を、なにかの目的を持たせて潜在意識に送り込むとき、その目的を心のイメージとしてはっきりと示せば、望みの目的はそれだけ早く実現されます。このことは、特に心にとめておきましょう。

「四つ葉のクローバー」の効果

ただし、イメージは、たとえばおおざっぱな略図、未完成のもの、あるいは簡単なスケッチであったとしても、潜在意識を始動させる効果はあるものです。

たとえば、教会や秘密教団などで行なわれるお祭りや儀式などを劇的に執り行なうのは、心のイメージをつくる大切な役目をするものだからです。感情をゆさぶり、参拝者の心に神秘的なイメージを描く効果があります。

そういうお祭りの背景は人の注意を惹きつけます。そのかげに、隠れた特別な意味や思考を含んで、人の心になにものかを植えつけるのです。いろいろな照明、さまざまな器具あるいは祭りを行なう人の衣装などは、そんな絵画的な効果を出します。

さらに、絶妙な音楽を流し、霊でも出そうな神秘的な雰囲気をかもし出し、座につらなる人たちが霊妙な感じに打たれるような心の状態をつくるのです。

そういうことは古代の人類から伝わってきた歴史的な事実です。文明人のみでなく、はなはだしく原始的な民族のあいだにも、それぞれ特有の儀式があります。人びとに霊妙な感じを印象づける方法は、心霊研究のつどいや水晶のぞきの占いにいたるまで、もれなく行なわれています。私たちの顕在意識において、そういう装置なしには、神秘や奇跡を願うだけでは不思議な現象が起こる力とはなりにくいのです。

こんな言い方をするのは、決して宗教の神や仏をさげすむ意味ではありません。大衆に訴える昔からの方法をお話しすることで、感情を呼び起こし、かき立てることが、大衆の現実感を弱める方法であることを示したいからです。どんな目的であろうとも、多くの人の感情に訴えるには、劇的効果をねらうのが手はじめです。

世間には、人間的磁力の強い人や偉大な雄弁家などもいて、環境や劇的効果の助けをまったく借りないでも仕事のできる人もいます。が、音響効果や感情的な訴え、身ぶり手振り、目力などによって人びとの注意を惹きつけると、人は全身を投げだして、その迫力に引き込まれていくまでになるものです。

お守りや魔よけのお札、幸運の愛好物、四つ葉のクローバー、古い蹄鉄、ウサギの足など、世間で幸運の品と信じられている多くのものがあります。それら自体は生命力のないもので、何の力もありません。しかし、人がそれらに力があると信じ込むことで、生命力を吹き込む結果になるのです。そのもの自体に力があるかないかは問題ではありません。

人が信じることによって、はじめてそれに力が生まれる――信じることが効果をつくり出すのです。

これに関する一つの逸話は、アレクサンダー大王とナポレオンの話です。

アレクサンダー大王の時代には、ペルシア王ゴルディオスがクビキ（家畜を馬車につなげる木製の棒）に結びつけた綱の堅い結び目があって、それをほどいた人はアジアの王になれるという神託があり、それは広く信じられていました。アレクサンダーはそのことを聞くと、刀を抜き放って、ひと振りでそれを切りほどいて、ついに偉大な権力を手にし、高い位に上ることができました。

またナポレオンは子どものとき、星のようなサファイアをもらいましたが、それにはいつか彼がフランスの皇帝になれるという予言がついていました。

そういう予言を信じたことが、この二人の英雄をあの偉大な地位に上らせたのだと言われています。彼らは超人的な信念をかためたがゆえに、超人的な人物になれたのです。

西欧では、ヒビが入ったりこわれたりした鏡は縁起が悪いと古くから言われていますが、人がそう信じなければ、決して悪運の原因とはなりえないものです。悪いという信念が大切に保たれ、育まれ、誰かの心の底深く根をおろすと、その人に悪運をもたらすことになります。不思議なことですが、潜在意識は信じたことを必ず実現させる力を持っているからです。お守りや、ものの象徴などは、迷信的な単純な人たちだけでなく、非常に知的水準の高い人でも信じる人が相当にあります。

潜在意識に磁力を与える

穀類、野菜、草花、苗木などを、精神力をうまく使ってみごとに生育させるという話もよく聞きます。

数年前、あるスイス人の庭師が、私の家の古い植木を抜いて若い苗木と植え替えたほうがいいといって聞きませんでした。たいした理由もなく私はその意見に折れましたが、彼は小さい苗木を植え、根に土をかぶせると、その都度、なにかおまじないをぶつぶつと口の中で唱えているのです。不思議に思ってわけを聞くと、彼は驚いたような表情で私の顔をちょっと見上げてからこういったのです。

「あなたにはおわかりにならないかもしれないが、私はこの木に、ちゃんと育ってりっぱに花を咲かせるように話をしているんです。私が子どものころ、母国のスイスで師匠から教わったのです。『なんでも生きものは励みをつけてやらなければならない』と言うのです」

カナダのコロンビア地方の先住民は、ヒラメやサケ釣りに出かける前に、釣糸や針に向かって話をします。そうしないと魚が食わないと言われているのです。

太平洋南部の島民たちは、使う道具をまるで生きもののように扱って、食物をそなえてうまく役に立ってくれるように祈願する習慣があります。先進国でも新造船の進水や、漁業船団の出航のときなど、門出を祝い成功を祈ります。世界中どこでも大差はないわけです。

植物にも人間と同じ感覚があるという学者もあります。多くの庭園業者は、一定の月齢のころを見はからって種をまきます。迷信と言えるかもしれませんが、先に述べたエール大学の研究者たちの説では植物の生命には電磁場が影響するということですから、そういった根拠もあるわけです。

この話を、教養もあり事業も盛んにやっている近所の年配の人にすると、「自分は一定の月齢のときに髪を刈ることに決めている」と言いました。月が満ちるとき欠けるとき、どちらに床屋へ行くのか聞きもらしましたが、そういうふうにすると髪の伸びが遅いからというのです。

植物や動物の生命力についてこんな話をすると、物質主義者は激しく異論を唱えるでしょう。しかし、私たちは住む世界をまだほんの少ししか知らないのです。私たちのぜんぜん気づかない力が、そこにたくさんはたらいているのです。第二次大戦が終わってからも、新しい原理がいかに多く発見されたことでしょうか？

疑いもなく、**人間の想像力または人間が描く未来のイメージと心の集中力が、潜在意識の磁力をはたらかせるおもな要因**なのです。心のイメージは、暗示を繰り返すことによって、はっきり描かれます。

たとえば、いま家がほしいと考えているとします。するとまず、どんな家がよいだろうかとぼんやりした想像力がはたらきます。次に家族と話し合い、建築家に聞き、設計図を見ることでイメージはだんだんはっきりしてきて、ついには細部にわたる家の絵が心の目に見えるようになります。そうなると、あとは潜在意識が活動を始めて、家を手に入れさせる運びとなるのです。その実現の道順はさまざまでしょう。あなた自身の手で建築するかもしれない。買って手に入れるかもしれない。ほかの人から手に入れるかもしれません。しかし、その道順がどうであろうと、たいして重要なことではありません。信念が堅ければ、必ず手に入るのです。

あなたがよい職業を得たいと志すときや旅行に行きたいと思うときも、同じ過程でものごとが運ばれます。あなた自身がその新しい職業についている姿や、旅行に出ている姿をそのまま心の目に見るようになれば、それは実現するのです。

ときには私たちの想像の力によって、かねて恐れていたことが現実となって現われることがあります。ですが、もしその恐怖の絵をほんの少しも意識に持たず、潜在意識のスクリーンへ完全に焦点を向けることなくただちに払いのけてしまえるようならば、恐れた不幸はだいたい実現することなく、無事に避けることができます。

疑いや恐れはすべて捨てる

「イメージを持たぬ国民は滅ぶ」。ソロモン王のこの警告は根本的に真理です。個人でも集団でも、いずれにしても同じことです。心に成功を夢みる映像がなかったならば、多くの期待を持つことはできません。もしも出世したければ、その出世した姿を心の中に描いて、それを自分の潜在意識に与えれば、実際そのとおりに出世ができるのです。

ここまで書いてくると、過去何年にもわたって、このサイエンスを使った人たちのいろいろな体験が私の心に浮かんできます。

私の自動車のエンジンが故障したとき、あちこちの修理工に見せましたがどこが悪いのかさっぱり見当がつかず、ついにある修理工場主のところへ相談に持って行きました。車のそれまでの作動ぶりを説明すると、彼はだまって耳を傾けて聞いたうえで、

「だいじょうぶ、直せると思います」

と言い放ってから、

「そういう自信さえあれば、なんとかなるものですよ。……と思うんですが、そんなこと

を言うと、世間の頭のいい人たちから笑われるかもしれませんがね」

と言いわけのようにつけたしました。

「ぼくは笑わないよ。だが君は、いったいどこからそんな強い自信をつかんだのかね？」

「そんな自慢話を始めたら、一日中かかっても話しきれないほど話の種はあるんです――少なくも私の一生は自信の材料ばかりなんです」

「一つでも二つでもいい、聞かせてほしいのだが」

「ではお話しします。一二年前のことですが、私は誤って転んでしまい、背中の骨を折りました。長いあいだギプスをはめて、医者が言うには一生不自由な身になるらしいんです。病院であおむけになりながら今後のことを考えました。そこで、母の、『人間というものは信じさえすればいいのさ』という口ぐせを何度も思い出したんです。ある日ふと、からだが治って、ふつうに動けるようになった姿を心の中に絵のように描いて、そればかり思って信じていればきっとよくなるにちがいないと心に浮かんだので、そのとおりに実行しました。すると、はたしてそのとおりになったのです。いまでは車の下へもぐり込んだりして仕事をしています。ほら、このとおり元気です」

「おもしろい。もっとほかの話も聞かしてくれるかな？」

「私は商売繁盛のためにも、このやり方を応用しました。現在のこの場所も、そんなことで手に入れたんです。前の私の店は、何週間か前に火事で焼けました。あんな場所はどこを捜したって見つかりっこありません。そんなわけで、店が焼けてしまったからには、このうえ商売をつづけるよりも、誰かほかの人の店に入って給料でももらっているほうが賢いのじゃないかなとも考えてみたんです。

ところが、ある夜のこと、どんなことがあろうと自分で店をつづけようと決心しました。それが運の分かれ目でした。眠りにつく前に自分に言いきかせたんです。『おまえは二、三日うちに、きっといい場所に店をみつける。おまえにはまだ運がついているんだ』とね。きっといい店が手に入るという確信を持って眠ったんです。

次の朝、火事で焼けた車の塗りかえを頼みにペンキ屋へ行きました。そして、どこかいい場所に店を捜したいんだと話しますと、ペンキ屋の主人が『それは不思議なことだ。この店を貸しましょう。私は隣の町へ引っ越します。そこの持主が商売をやめて店をたたむので、その後を引き受けることにしたんです』と言うのです。ごらんのとおり、ここは目抜きの通りで仕事は手に余るくらいです」

あなたは、そんなのは単なる〝偶然〟だと言われるかもしれません。しかし私の小冊子には、こんな例が山ほどあるのです。私のこのサイエンスを心得ている人には、こういうできごとは、思いの集中と心の目のイメージの現われであるということが正しくわかるはずです。

「なんだばかばかしい」という考えと、「ものごととは思考が具体化するものだ」という考えとのあいだには大きな溝があるでしょう。そのどちらが正しいかという結論は後でくわしく述べることにしますが、ここではパラケルススが言った、「精神的な認識力を持たぬ人は、外界において現実に見ることのできないものを認める力はない」という言葉をとりあえず思い出してもらいたいのです。

潜在意識は、スクリーンに投影されたことがらをそのまま実現させるということは間違いない事実です。しかし、もしあなたの映写機や原画に傷があると、映写はぼやけたり、さかさまに映ったり、画面がまったく出なかったりします。疑いや恐れはすべて、あなたが一生懸命に投影しようとする絵をぼやけさせるものです。

釣りにも応用できる心眼の力

大芸術家や文筆家や発明家などのように想像力の発達した人たちは、自分の思うままに映像をつくり、心眼の絵（イメージ）をりっぱに描き出すことができます。しかし、後に述べるサイエンスを使い、すでに説いた多くの説明を参考にすれば、どんな人でも、物なり、できごとなり、あるいは実現したいと願うさまざまなことがらを心眼にはっきり描き出すのは、決してむずかしいことではありません。

私の知人の釣りの名人は、心眼に絵を描く技術を巧みに使っています。彼は、二、三の友だちと釣りに行き、舟に座ってマスを次から次へと釣りあげましたが、友人たちは同じエサや針を使い、同じ釣りのコツを用い、そしてまったく同じところへ糸を垂れていたにもかかわらず、一尾も釣りあげることはできませんでした。

彼にその理由をたずねると、

「なんでもないことだよ。『スキーザ・マ・ジンタム』と、昔からのまじないをするせいさ。空想的というか心理的というか、僕は水の中へ入って魚にエサを食うようにすすめるんだ。つまり、魚が針をつつくのをこの目で見て、うまくかかることを信じているんだ。それ以外に説明のしようがないな」

という答えが返ってきました。この話を釣りの下手な人たちに話すと、「ばかな！」とあざ笑い、

「誰だって釣りの上手な人ならば、流れの具合、水底の穴、魚の習性、使うエサの種類などにくわしいはずだから、魚さえいれば釣れるに決まってるさ」

と言います。しかし、釣りの達人が同じところに糸を垂れながら、どうしてもこのおまじないを言う男ほどに釣れないわけを説明することはできないのです。

私は釣りを知りません。しかし、そういう引き寄せ技術がほかのことに成功するのですから、釣りにも利用できないわけはない、と思うだけです。釣りの通で名著も多く出しているH・H・ランプマンも、釣師の幸運やおまじないには心理的な原因が考えられると明言しています。

からだを思いどおりにコントロールする

さて、ゴルフに話を転じましょう。私も長くこのゲームになじみ、多くのゴルフ・クラブにも入っていますが、若いころテニスの世界選手だった男とよくいっしょのパーティになります。この男は、太平洋岸では一、二を争う、近距離のショットでは驚くべき妙技の持主です。彼のアイアンは、球をグリーンの上の思うところへ落として、しかもぴたっと止めることができるのです。それはピンのごく近くの、あつらえむきの位置で、いつもわずか一回のパットでホールへ入れてしまいます。しかも、そのパットがまた驚くばかりの妙技なのです。

「どうやって、そのコツをものにしたのかね?」

と、私はたずねたことがありました。すると、

「ぼくはグリーンへ向かってクラブを振る前に、球を落とすところを心の目にちょっと描

くんだ。パットのときは球がホールへ入っていく姿を実際に目に見るのだ。もちろん正しいスタンスや、クラブの握りなども大事だが、そういう点にソツのないゴルファーでも結果はよいとはかぎらないさ。相当に練習に時間をかけることも事実だが、それもぼくだけではない。ぼくの秘訣は、クラブを使う前にボールの落ちるところをはっきり目に見て知っていることだ。ぼくには、できるという自信があるんだ」

一九三〇年代に現われた稀代のアマチュア・ゴルファー、T・モンタギューのことを、有名なスポーツ記者ライスが次のように会見記事を書いています。

「モンタギューは、穴さえあれば、それがどこであってもボールを落とすことができるのです。フェアウェイの三〇〇ヤードのところであろうが、かっちりと寸分の狂いもありません。ボールはモンタギューの望むところへ飛んでいくのです」

新聞に語ったモンタギュー本人の言葉を引用しましょう。

「ゴルフは、なんといえばいいかわかりませんが、頭や心、脳を使ってやるものです。私は球を打つ前に必ず、はっきりとイメージを心に描きます。心のイメージが筋肉の

反射をコントロールするのです。もし心のイメージがなければ、単なる当てずっぽうにすぎないわけです。イメージを描くことは、心に重圧のあるときなどは、大変な集中力を要します。しかし、重圧のないゲームなど、おもしろみはありませんからね」

信念は才能を引き出す

稀代のプロゴルファー、G・サラゼンも、それと同じような方法を用いています。彼が書いた『ゴルフ心得帳』を読むと、心の絵、客観的態度、集中、自信などがその話題の中心です。ゴルファーはみなメンタル・ハザード（心理的障害物）という言葉を知っています。それはバンカー、トラップ、水の障害などで、競技する人たちの想像力の中で恐るべき障害となり、心に一種の恐怖を抱かせます。

私がよく訪れるコースにも水のホールがあります。打出しのティーからホールまで一二〇ヤードばかりで、そのあいだに五〇フィートほどの小さい池があり、たいていのプレイヤーならアイアンで楽に届くところです。

クラブの一会員で若いころ野球やフットボールの大選手であった友人は、長いあいだこの池を越すことができませんでした。彼のアイアンは次から次へと、たえずボールを水へたたき込みます。そのつど彼は怒りを爆発させるし、私たちは爆笑を禁じえませんでした。

何ヵ月かのちにはついに、彼はスプーンを振り上げ、ボールをグリーンのかなたはるか遠くへ送り込んでしまいました。ある日、私は彼に向かってこう言いました。

「そもそも水が君をからかっているんだよ。こんど打つときは、ティーとグリーンのあいだに池があるという絵を君の心から消してしまいたまえ。そしてその代わりに、そこにはなだらかなフェアウェイがあると思いたまえ」

この暗示を受けて彼がその次に打つと、球はピンから二、三インチのところへ落ちたのです。それからは、池のことを念頭に置かず、私が教えた「頭の中の絵の抹消技術」のおかげで、苦しむことなく打てるようになったそうです。しかし彼の組んだ人の中にうるさい相手がいて、心のイメージをつくる精神の集中ができないときは、決まって失敗を繰り返したということでした。

あらゆるスポーツで同じ「魔術」が行なわれているのです。野球の強打者、フットボールの巧妙なフォワード・パサー、正確なドロップ・キッカーなど、すべて意識的に、あるいは無意識的に、球を落とす場所の絵を心に描いています。確かに練習、タイミング、そのほか多くの技術も大切ですが、心理的な面は絶対に見のがせないのです。

この本の読者の中には、ゴルフにもビリヤードにも興味のない人が多いかもしれません。そういう人のために、心の絵や映像をつくることが不思議な力を持ち、これが作用することを証明する簡単な実験があります。

まず、たやすく投げられるような小石を二つか三つ拾って、直径六〜一〇インチぐらいの立木か柱を目標に定めて、その目標から二五〜三〇フィート、またはそれ以上離れた適当な場所に立ち、目標に石を投げてごらんなさい。たいてい石は目標からはるかに離れたところへ飛んでいきます。

そこで直立して、必ず当たると自分に言いきかせてから、立木を心に描き、その木が投げた石に向かってくる姿を想像してごらんなさい。あるいは、石がその目標の木に当たるところを心に描いてもよいでしょう。そうしてから投げると、やがて石は完全に目標に的中するようになります。そんなことはめんどうくさいなどと言わずに、まずやってみることです。必ず当たること受け合いです。ただ信じさえすればいいのです。

同じサイエンスを家庭の台所でも応用することができます。料理の上手な人は、自分が意識するしないにかかわらず、この同じサイエンスを実際に使っているのです。それに気づくか否かの違いだけです。

たとえば、二人の婦人が同じ種類のパイをつくる仕事に取りかかるとします。まったく同じ材料を使い、同じ注意書きを型どおりに実行したとします。ところがその結果、一人は完全に失敗し、もう一人は料理として最高のものをつくりあげるのです。これはどういう理由によるものでしょうか?

まず、一人の人ははじめから、こわごわ仕事にかかっています。これまでに何度か失敗したことを思い出し、はたして今度はどんなものができるだろうかと不安がっているのです。いかにもおいしそうな金色の生地に、中身があふれ出んばかりになっているパイの姿を、りっぱなイメージとして心に描いていないのです。自分にはそれとわからないながらも、そのイメージのなさがパイのでき具合に反映しているわけです。

もう一人は、自分のつくるものは最上のパイになると確信を持ってかかっているのです。そうすると結果は、まさにそのとおりになります。このように、はじめから心の中に描いた絵、すなわち彼女らの信念が、すべてをそうさせるのです。

もしも、あなたが平凡な腕前でも、料理は好きなほうだとすれば——好きだということがなによりも大切なのですが——自分には上等の料理ができる、その腕があるのだと努めて考えることです。**その信念にすがりつけば、ひそんでいる才能が出てきてあなたを助けるのです。**だから、全心を打ち込んでみればよいのです。りっぱなパイの姿を心の中の絵に描けさえすれば、あなた自身が驚くほどのものに完成するはずです。

これと同じ法則はどこへでも応用できます。魚釣りにも、財産をつくることにも、事業に成功するにも、すべてに応用できるのです。

第5章 イメージを描くこと

心の中のイメージを変える

私が投資銀行の仕事をしていたとき、一人のセールスマンが相談にきました。

「私はSさんが怖くてしようがないんですが、なんとかこの恐怖感をなくす方法はないものでしょうか？　もし、Sさんと対等の立場で話ができれば相当売り込めるんですが、なにしろ怖くて寄りつけません。ほかのセールスマンも、みなそう言うんです」

このSさんというのは、大企業のいかめしい社長で億万長者でした。尊大な人間で、頭髪は濃く、眉毛は太く大きく、まるで毛虫がはっているみたいで、癇癖の強さが顔の筋に現われていました。まるで人を叱りつけるようなものいい方で、気の弱いものなら近よることすら躊躇してしまうような人物なのです。

けれど、気軽に話しかける人には、きわめて人なつっこいのを私も知っていました。セールスマンたちは、その外見におびえたのです。

私はちょっと思案して、やがて名案を思いつきました。

「いくらあの人だって君をなぐったり、かみついたりすることはあるまい。どこかの海岸であの人が海水着を着ている姿を想像してみたまえ。からだは毛むくじゃらかもしれないが、はだかなら、きっと怖いというような気は起こるまいよ。どうだろう?」

「それなら、怖いという印象はないでしょうね」

その毛むくじゃらのはだか姿ということから、私に一つの連想が浮かびました。

「曲芸ダンスをしながら街をのし歩く、こっけいな熊を君は見たことがあるだろう。手回しのオルガンに合わせて踊るやつさ。トルコ帽みたいな妙なものをかぶって! やつらは、うなり声は出すが、歯が抜いてあって人をかめないのだ」

「ええ、知っています」

「そう、それなら話はついた。あの毛むくじゃらの人を、その愛嬌のある熊だと思ってみたまえ。トルコ帽だの付け襟だの、みんなつけたやつをさ。君の心にあった怖いという想像図は、みんな吹っとんでしまうだろう。どうだね?」

セールスマンは心の底から大笑いをして出ていきました。数日すると、彼はこの怖い相手に二万ドルの証券を売りました。いったいどんなふうにこの相手と会見したのか、売り込みの彼の応対ぶりなど、いま思ってもおもしろく想像されます。このセールスマンは、この億万長者をいまも大切なお得意にしています。

数週間前、そのセールスマンが私の事務所へきて、前と同じ方法でまた別なお得意を取った話をしていきました。今度は白い頬ひげの長老然とした、いかにも気むずかしい風格の老人でした。なにかあれば口やかましく噛みついて、たいていのセールスマンをふるえあがらせました。彼はこう言いました。

「この古ヤギ爺さん、長いあいだ私はどうも苦手でした。金も相当に持っていることはわかっていましたが、その店の前を通るたびに、しかめっつらをしてこちらをにらんでいるのです。だから、思いきって店へ入って話し込んでみようと思っても、どうもその勇気が出ませんでした。

ところが数日前、いつかあなたが例の爺さんをあしらうコツを教えてくださったことを思い出して、サンタクロースを想像してみたらどうかという考えが私の頭に浮かんだのです。そこで自分に向かって言いました。『よし、この古ヤギ爺さんをサンタさんだと思えばいいんだ。サンタさんならこわがるものはいないはずだ』と。これがうまく当たったのです。結局この人は私のすばらしいお得意になったんです。私のような人間が近づいてくるのがひどくうれしかったらしいんです。五〇〇〇ドルの注文をもらったうえに、次の週もきてくれ、と言われたんですが、これは手もとの有価証券のリストを調べたいからその手助けにきてくれという依頼でした。この調子だと、まだ注文がもらえそうですよ」

重要な地位にある人は、偉そうな風格でもったいをつけ、近づく人たちを怖がらせるものです。事務室のまわりを荘重にし、秘書や事務員をはべらせて、訪ねてくる人を威圧するようにします。

しかし、こういう人たちも人間ですので、人と同じ恐怖心や、同じ弱点、同じ欠陥を持っているのです。家へ帰れば、だいたいは他愛もないお人よしです。そう見当がつけば、もったいをつけたり尊大ぶって装ったりする姿を気にしないで、その真の人間らしい様子を考えて、それを自分の頭の中に描けばいいのです。そうすれば、心のシコリはただちに消えてしまいます。ほんとうに偉い人は訪問者に向かって壁を作るものではなく、たいていは近づきやすいのです。もしもあなたがセールスマンなら、偉そうに装う人を訪ねるときは、そんなふうに考えれば心の障害を取り除けるはずです。

ある弁護士はそれに似たこんな体験を話してくれました。

「あるとき、有名な法律家で、若手が恐れる大家と法廷で論戦したことがあります。しばらく法廷に座りながら、どうも怖くてしようがなかったのですが、目をつぶって自分に言いきかせました。『おれだって彼と同じなんだ。彼より偉いところもあるんだ。彼ぐらいナメてかかれないわけがあるか。大丈夫だ』と、そんなことを数秒ほど心のうちで繰り返しました。そうして目をあけてみると、彼のような人が二人がかりでやってきても大丈夫、という自信が湧いてきました。むずかしい事件のときや陪審員たちがなかなかなびきそうもないときは、いつもこの手を使います。単なる偶然の幸運だと言われるかもしれませんが、そのつど成功するから妙なのです」

かたくなに見え、意地悪くふるまうような人たちも、たいていは心の底に人並みの弱さを持っているものです。だから訪問者は、心のうちに自分でつくりあげる邪魔ものさえ取り除けば、自然と扱いやすくなります。

人を訪ねるときには二、三回深呼吸して、あれぐらいの相手は征服できるのだ、と自ら確信を持つことです。そうすると、なんとなく成功するものです。

セールスに心の技術を応用する

一九三〇年代の経済不況のとき、大きな食料品チェーンストアの各部の責任者や次長たちが、肉類担当など現場の係も交えて一団となって、私のところへ相談にきたことがありました。六週間の私の講義を聞いてのち、修得したことを実地に移したのですが、私が講習で与えた技術を一週間のうち一日だけ実際に使って、それぞれ各部門で選り抜いた商品を販売してみることにしました。みんなで寄りあって熟議の末、選び出した商品は、チーズ、焼肉、サーモン、ありふれたカボチャなどでした。いなか町にあったチェーンストアの支配人は、取引先の農家にいいコネがあって、カボチャ類を大量に仕入れることができたのです。

売出しの前日には、各部の主任は店員を一ヵ所に集め、お客が店へ入ってきて、この選ばれた品々を特に買い求めるありさまを心に描くよう、そのやり方を念入りに教え込みました。もちろんそれらの各商品は、めだちやすく、派手に陳列しておいて、各店員は客が店へ入ってくるたびに、その選ばれた商品を買ってくれるように心の中で念じるように言いきかされて、手配はすべて完了しました。

その日の売行きは驚くばかりでした。チーズ部門はその一日のうちに、過去六ヵ月の売上げよりもはるかに多くを売り上げました。また、土曜日にはいつも焼肉を売ることにしていた専門店は午前中に売り切れ、金曜日の肉なしデーにサーモンを売る店は、市内の同種の店の売上総額よりも多く売りました。カボチャは、その日のうちに二回も農家から追加注文で仕入れる始末でした。

このときの講習を受けた人びとのうち、その後わずか一人だけ戦争犠牲者を出しましたが、そのほかの人たちはみな、ひとかどの店主になったり、それぞれの方面で出世しています。なかでも一人は三つの店を経営し、また一人は、隣の州のチェーンストアの支配人になっています。

仕事も人生も思いどおりになる

かつて私は、いまここで扱っているテーマを小冊子にして出そうと思い、原稿を印刷屋に渡しました。次の日の朝、印刷屋は私の事務所へ、息をきらし身をふるわせて、ほとんど転げ込むようにして飛び込んできました。なにか起こったのかと心配して聞いてみると、彼はどもりながら答えました。

「いま変なことがあったんです。昨晩、原稿をいただいて読んでみて、私はこうつぶやいたのです。『これに書いてあることがほんとうなら、私がこの人のところへ訪ねていくときは、私の自動車をとめておく駐車場くらい簡単に見つかるに決まっている。そんなことに困るわけがない、一つ念じてみよう』。しかし、そんなことは、いまのいま私が工場を出て、自動車を飛ばしてあなたのこの事務所へつく寸前まですっかり忘れていたのです。

ところが、ちょうどここへ着くときに、そんなことが実際にあるものだろうかとふと思い出しました。そして交差点を曲がってみると、この通りにはびっしり車が停まっていて、私の車を入れる場所などぜんぜんないんです。なんだ、やっぱりうそっぱちだと思って、そんな空想はさらりと捨てようとしていたんです。ところが、前を横切る人を避けながら徐行運転していると、ちょうどこのビルの真ん前の歩道のところに駐車していた自動車が出ていくのが目にとまるじゃありませんか。あ、そのあとへ私の車が入れる。私はぞくっとして、体中に鳥肌が立ちました。あれが、確かに例のそれじゃないかしらと思うんです」

「そうかもしれない。もう一度ためしてみなさい」

と私は答えました。

彼はなんべんもためしてみました。そして数年間にわたって同じような結果を得たのです。これを偶然の一致だと考えたければ、それはあなたの自由です。ですが、この印刷屋は、決して偶然の一致だとは考えないのです。ことに彼の商売は、その後三倍も大きくなっています。しかもその当時は、ほかの同業者たちは注文がなく苦しんでいた時代でしたから、なおさら不思議です。

もう一つ私の主張を裏づける例があります。株主から一〇〇〇万ドル以上の投資を預かっているある精油会社のことです。この会社は、訴訟や販売の手違いから経営難におちいって、会社をなんとか根本から立てなおさなければならなくなり、株主には無配当を承知のうえで新株を引き受けてもらうように頼み込みました。そして、精油器のあらゆる栓から出る一滴の油も必ず金に変わってことごとく収入になるという信念を、はっきりと心に描いて持つよう株主のすべての人に頼みました。

この会社の所在するところは、経営が磐石な幾多の一流会社がしのぎを削る地区のど真ん中なのです。それにもかかわらず、やがて会社の収益は漸増し、最後はほかの会社の買収に応じて併合されたときには、株主たちは払い込み金はもとよりのこと、プレミアムつきで株を売ることができました。

チームを幾度も優勝に導くことでスポーツ・ファンに知られるプロボクサーのマネジャーであるJ・グリッボは、選手にいつも、自ら優勝者となった姿を心の絵に描く技術を教え込みました。その結果、その教えを得たたいていの選手が優勝しています。

こういう心理現象になじみの少ない一部の人びとは、こんなことを真に受けないかもしれません。それは、私にもよくわかっています。しかし、こういうできごとに多少なりとも関わった人びとは、その真偽にいささかの疑いも抱かないのです。この本の読者の中には、もっと不思議な体験を持ちあわせている人も多いのではないでしょうか。

潜在意識と二つの事件

イギリスの深層心理研究家として著名なG・N・M・ティレルは言います。

「もし私たちが潜在意識のはたらきによってなにかを成しとげようと念じるならば、潜在意識は相互に関連したできごとを発生させて、ついにその目的を達成させる」

また、長くシカゴ大学で教えているS・マシューズ博士は次のように述べました。

「われわれは強い望みを持つことによってものごとを左右することができる。希望の成就は心理的な確証として現われる」

このことを端的に実証する事件が、ここに二つあります。

ある大きな骨董店の女主人はすぐれた目ききで、あちこちの婦人たちから引っぱりだこになっていましたが、社交界に顔を出すことは大嫌いでした。ところが、ある一人の婦人が彼女をしつこくお茶や昼食に誘いました。

この婦人が誘うところの本心は、このような骨董通と連れだって歩いているところを世間の人に見せたいという虚栄心からなるもので、女主人はそういう意味の招待をことさら嫌って片っぱしから断っていたのです。ところが、ときどき有名人が講演をするある婦人クラブの会合に例の婦人からしつこく誘われた女主人は、とうとう断りそこね、つい出席を承諾してしまいました。彼女は私にこう説明するのです。

「あのかたは私の不用意なところを突いたのです。私は承諾したあと、すぐにそんな約束をしなければよかったと後悔しました。私はそんな高級な会は大嫌いでございます。この会はきっとキザっぽいものにちがいないと思い、夜になると冷汗が出るくらいでした。どうしてあんなことを約束したのだろう、どうしたらあのご婦人のごきげんをそこねずに行かないですませられるだろう。あのかたは店のお得意ですし、もし約束を守らなければ、あとでどんな陰口をたたかれるか知れやしません。

私は一生懸命でどうしたらいいかを考えました。あれこれと思いめぐらしましたが、どれ一つ筋の通った言い訳はございません。私は途方にくれてしまいました。どうしてもあのご婦人とは気が合わないのです。あのかたにはお気の毒ですが、ほんとうに退屈なかたなんです。会の日はいよいよ迫りました。電話をおかけして、よんどころない大切な用事でどうしても講演会には出席できません、ときっぱりお断りしようと決心したときでした。あのかたのほうから私の店へお見えになったのです。すると、言い訳たらたらで、講演は中止になったと申されるのです。私はどのくらいほっとしたことでしょう？　あなたがお説きになることを私は心から信じております。私の思いが関係があるとしか思えません。偶然の一致だ、という人がきっとあることと思います。そう言いたい人には言わせておきましょう。ですが、世の中には、それでは済まない不思議なこともたくさんあります。そのすべてが偶然の一致だとは申せますまい」

もう一つおもしろいことがあります。

この話の主というのは、秋の草刈りのころにアメリカ全国をなやますヘイ・フィーバー（アレルギー性の鼻炎）の治療薬をつくる製薬会社の支配人です。彼は最近ある都市へ移ってきて、会社の近くにアパートを借りたのですが、戦争のすぐあとのことで、電話の架設は順番を待たなければなりませんでした。申込受付表にはおおぜいの人の名前が連なっていて、ごく少数の人だけが特設を許されていました。たとえば医者、警察、高級官吏など、公衆のために緊急を要する仕事に関わる人などは優先的に扱われていたのでした。

そこで、この製薬会社の支配人はあらゆるコネをたどって、これと思う有力者を訪ねて二カ月も走りまわりましたが、一本の電話も手に入れることはできませんでした。そこで、私が電話会社の経営幹部と顔なじみだと聞き込んで、紹介者を通じてさっそく面会を求めてきました。私は彼の甘い考え方を戒めて、いくら私でも経営幹部を説き伏せ、先に申し込んだ数千人の頭上を飛び越えて電話をあっせんするほどの力はない、と説明しました。けれど、もしなにかの理由で、彼に優先権があるという証明でもできれば話は別だが、とつけ加えました。

いままでいったい誰に運動したのかと尋ねますと、彼は電話会社の上から下までいろいろな地位にある多くの人の名を連ねました。そして、電話がなくては絶対に薬品会社の仕事はできないのだとこぼします。事務所が閉まったあと、夜中の仕事をするのは彼一人しかいないのだから……と言うのです。

そこで私は、

「長距離電話もかかってくるのですか？　それから、電話で行なう取引高は一ヵ月どのくらいですか？」

と聞きました。すると彼は、相当に大きい月間取引高の数字を示しました。

「では、過去何ヵ月かの計算書を持って、あなたがはじめに会った人のところへもう一度行ってごらんなさい。そして、どうしても即刻電話がいるんだと頼みなさい。だが、あなたが完全に相手を説きふせられるという自信がつくまでは行かないほうがいい。でないと、失敗するおそれがあります。どうしてもアパートに電話を通すんだと決意をかためなさい。

堅い信念となるまで、それを念じつづけることです」

「やってみましょう」彼は言ってから、すぐ気を取り直して、

「いや絶対にやります。電話は、どうしても手に入れます」

その後数日経って、彼は私を訪ねてきました。

「成功しました。ぜひとも申しあげなければ気がすまなかったのでまいりました。自分の心のうちに堅い信念をつくると、不思議なことにいろいろな事件が、次から次へと連鎖して起こってまいります。はじめに会った人に再び会いに行きますと、その人は、また来たのかと言わんばかりの顔をしました。今度はどうしても電話が必要なわけを、あなたのお指図どおり計算書を見せて説明するといくらか納得したようでした。とにかく事情を支配人に説明してみようと言って電話機を取りあげると、ちょうど支配人のほうからほかの用件で電話がかかってきたわけです。そこで支配人に私のことを説明していましたが、支配人はさっそく私の優先権を認めてくれたのです。そこで優先権係のPに会うのがよいと教わりました。優先権のことなど私もくわしく聞いたこともないので、このPという人とは顔なじみではありませんでした。

ところが、そのPに会って事情を説明して、私たちの事業や製品のことなどもくわしく説明しますと、なんと、その人はヘイ・フィーバーを患らっていて、いろいろな薬を試し

てはみるもののいっこうに効き目がないとこぼすのです。それを聞いた私は、椅子から落ちそうになるほど驚きました。その後は万事すらすらと進んでいきました。このこと全体が、なんだか幽霊にでも取りつかれたような妙な感じなんです。支配人が、どうして私の話している人に、おりもおり、ちょうどその時刻に電話をかけてきたのでしょうか？　また優先権の裁決をする最終の責任者が、どうしてヘイ・フィーバーにかかっていて、私に肩入れしてくれるあつらえむきの立場にある人だったのでしょうか？　このあなたの信念のサイエンスをばかにする人がいたら、みんな私のところへ回してよこしてください」

私たちの思いが、外見や顔の表情、口にする言葉などを決定することは言うまでもありません。外見はふだんの思いが外に現われたものです。たいていの婦人は、美しい思いを胸に抱き、美しい衣装をつけ、美しいものを身のまわりに置き、姿をととのえ、しとやかな動作を学び、自分が人よりも勝っているのだとたえず思うことができれば、いつでも美の歓喜に燃え、それによって自分の姿をますます美しくすることができます。

しかし、そういう技巧を、もっとてっとり早い方法で行なうことができます。あなたの理想の姿を心の中に描きつづけて、一瞬たりともそれから心を離さないように持ちつづけることです。

想像力のいたずら

歯医者へ行くのを怖がる人が多いようですが、それは、治療室で実際に受ける痛さのためではありません。それよりも、そこでどんな苦しみに耐えなければならないのだろうかという心配のほうが、患者にとってほんとうの苦痛のタネなのです。ここでも私たちの思考が、避けたいと思うことをかえって実現させているのがわかります。

ピッツバーグ市のある歯科医は小児専門家で、治療室の隣に子どもの遊戯室をつくり、おもちゃ、砂箱、積み木などの多くの遊び道具を取りそろえています。ここで子どもが遊びに夢中になって歯の治療を受けるのを忘れるようにするしくみです。いったん治療椅子へ腰かけると、歯のことはいっさい言わないで、いろいろな話を子どもに聞かせて注意を別のことにそらせます。ドリルのケーブルにはボタンのスイッチがつけてあって、子どもは勝手にそのスイッチを切ったり入れたりできるようになっています。歯医者は治療にかかる前に、もし少しでも痛かったら、すぐに電気を切りなさいと子どもに言い聞かせておくのです。この歯医者は大繁盛です。

想像や心にイメージを描くことは、しばしば不思議な現象を起こします。

元来、恐怖心は想像をたくましくするから起こるのです。遠方へ旅行中の妻や両親からとつぜん電報がきたり長距離電話がかかってくると、まずなにか悪い知らせかと心配して、胸がどきどきし、みぞおちのあたりに沈むような痛みを覚えます。その知らせが吉報であったと知って、やっと胸をなでおろすのです。そうでないかぎり、しばらくは胸の痛みは静まりません。

第二次大戦中、M・ウェストという婦人が雑誌に書いていていました。彼女が南太平洋方面から輸送船に乗ってアメリカへ帰るとき、船室へ入ると、一七人の婦人たちでぎっしりでした。燈火管制で窓は閉められ、部屋の中は息がつまるようでした。船の出航は翌朝なので、みながベッドに入って部屋を暗くしたのちにかぎり窓をあけてもよいという許しが出ていました。私が窓をあけると、やっとのことでらくに寝られるとみな大喜びでぐっすり眠り込んだ、と彼女は書いています。しかし翌朝、目をさましてみると、彼女があけたのは二重窓の内側の一枚だけで、外の窓ガラスは閉まっていて、光も空気も遮断したままだったのです。

想像力がイタズラを行なうたくさんの科学的な例を示すことができます。郵便切手を患者の皮膚に張りつけて、それをカラシ膏だと思い込ませると、切手の下側にタダレができました。犬に食べ物を与えるとき、必ずベルを鳴らして呼ぶことに習慣づけると、やがてベルが鳴れば食物を連想するようになり、犬の胃はベルの音を聞くだけで胃液がいっぱいになることを科学者は実証しました。

レストランで近くの席においしそうな料理が運ばれてくるのを見ると、私たちの口にはツバがたまります。また、ほかの人が何メートルも離れたところでタマネギをむいているのを見ると、部屋の中にはその匂いがぜんぜんしていなくても、その動作を見ているだけでおおぜいの人は涙を流します。

私は太平洋を何回も航海しました。大嵐に出会って、船がどんなに揺れても船酔いしたことはないのですが、たった一回だけ例外があります。それはひどく酔った船客の介抱をしたときでした。はじめて船旅をして以来、それまではずっと酔った船客からは目をそらして見ないようにしていました。人が酔っているのを見ることで暗示となることを恐れて、酔った人を見ないようにしたわけです。

また、私たちは急激なショックを受けて想像力をはたらかすと、手先は冷たくなり、冷汗が出たり寒気を催したりします。医者の宣告を聞いて、そのショックが感情に入ると、それに想像力がはたらいて恐ろしい結果を生むことがあります。

口笛を吹いている友人の近くで、レモンをかじってごらんなさい。彼はすぐに口笛を吹けなくなるでしょう。すっぱいレモンを想像した思考の力で、口の筋肉が自然にすぼんでそれを不可能とするのです。

講演のときによくやるのですが、想像の力がどんなに強いものかを証明するために、違った色の液体を入れた二つの小ビンを持って聴衆の前へ出ます。そしてみんなに向かって、一つはライラックの香水、もう一つのほうはバラの油であって、これで諸君の感覚の力を調べてみたいと説明します。

そう言ってから聴衆に背を向けて、どちらのビンの液体かを見えないようにして、空気中に液をふりまきます。そうして、いままいたのはどっちのビンのものであったか当ててもらいたい、と聴衆に問いかけます。ある人たちはそれはライラックだと言い、ほかの人は、いや、バラ油だと言います。もちろん、どちらも想像で判断を下したのです。実のところ二つのビンとも、ただの水に色をつけたものだと言うとみんながっかりします。どちらのビンも香気などはなかったのです。

希望どおりの人物になるために

発明家、美術家、科学者、建築家、大事業家などは、みんな想像力を活用して仕事をしています。それを考えると、想像がどんなに大きな力のものであるかわかるでしょう。シェイクスピアは、「道徳を身につけよ。もしも、あなたがそれを持たぬならば」と言いました。この偉大な真理の深い意味を考えてみたいものです。**道徳というのは、私たちの想像力をとおして身によそおいつけること**です。

すなわち、希望どおりの人物になりたいと思えば、自分が将来そういう人物になったときの姿を心に描いて、そのイメージを消さずに持ちつづければ、いつか実際にその人物になれるということです。

しかし、単なる白昼夢と、真のイメージや想像力との使い方に区別をつけなければなりません。仮にあなたがただ一〇万ドルをつかみたいとか、豪荘な邸宅をただ手に入れたいと考えているとします。そういう夢を描いたり、ぼんやりとそうありたいものだなあと思っているだけでは、なんの効果もありません。ただぼんやりと思うだけでは、体内の潜在力を活躍させることはできないのです。

まず想像力を正しくはたらかせ、あなたが望むものに向かう姿を心の中に描いて、たえずそれを見つめながら進んでいかなければ目的のものを手に入れることはできません。あなたが心に描いているとおりのことを実行しはじめてこそ、そのものを実在とすることができるのです。

たとえば、虫眼鏡を使うときを考えてみましょう。うまく焦点を合わせ、太陽の光線を一点に集めると、そこに集まる太陽熱をもって対象物に穴をあけることができます。熱力が高まって、目的物がいよいよ焼けだすまで虫眼鏡の焦点が動かないように、手でしっかり支え持っていなければなりません。想像している目的のもの、すなわち心の中のイメージもそのとおりで、それをしっかり持ちつづけなければなりません。

想像力につづく正しい行動が必要

フランスの医者E・クーエ博士は、暗示にもとづく想像力は意志の力よりも強い、と言いました。

「想像と意志とがぶつかって戦うときには、いつも想像のほうが勝つ。たとえば上等の葉巻きしか吸わない人が、その習慣をやめようと決心する。歯をくいしばり、あごをつき出し、自分の意志の力でこの悪い習慣をやめるのだといかめしく誓う。ところが、たちまちいい葉巻きの香が頭に浮かんできて、その柔らかい、なつかしい匂いが鼻のあたりにただよって消えようとしない。想像力がそこにはたらいて、意志の力を圧倒してしまうのだ」

飲酒などの悪癖もこれに似ています。フランスの哲学者C・フーリエは、かつてこう言いました。

「世界は将来、人類の頭脳によって成長するであろう。人類を動かす欲望と情緒とを原動力として形成され、それに支配され、指導される世界ができあがるであろう」

現実はこの予言どおりに進みつつあります。しかし、心の力を持って世界を形づくり、これを支配するという人類の仕事は、まだわずかに手をつけられたばかりです。

そこで、人生において何をほんとうに欲しているか、ということが問題になります。世の中に偉大な欲求を持つ人はごくわずかです。多くは、自分が見ることのできるごく一部分を満たすだけで満足しているのです。人生における地位は、運命の女神が特別に用意しておいてくれたものとして受けとるだけで、そこから抜け出るほどに成長しようとはしません。精神も肉体も、そういう向上の努力をしようとはしないのです。

多くはぼんやりと希望的な考え方をするだけで、なにも実行せずに一生を終わってしまいます。**希望的な思いだけでは効果はありません。行動が欠けているからです。**

ですが、真になにかを求める人は、背後の欲求がかりたてる偉大な体内の力に動かされています。こういう人には、目的への道は目の前につづいています。潜在意識の力を使う人の行く手に障害はありません。潜在意識はその人の欲求に磁力を与え、欲求の目的物を照らしたように明るくして顕在意識へ送り込みます。

思考と想像力をたえず集中させると、目的物を自分のほうへ引き寄せることができます。それは決して言葉のアヤではありません。その効果が磁力エネルギーか電気エネルギーかは明らかではありません。人類はまだそれを明らかにしえないにしても、思考の力に引力があることは確かなことで、それは日常生活にたえず見受けられます。

ふつうの人びとは、長く精神を集中することはむずかしく、心に描くイメージを消さずに持ちつづけることも、たやすくはありません。あなたも、自分の過去を思い出してごらんなさい。思念、考察、空想などは驚くほど速く、たえず心の中を去来して私たちを揺さぶりつづけているものです。

私たちは読むもの、見るもの、聞くものなどにたえず動かされます。そのために体内の創造力は、そのいろいろなものが雑然と区別もなく入り乱れた混乱のかたまりとなっているので、欲求へのはっきりしたイメージを心の中に将来をめざして持ちつづけることは、たやすくありません。

だから、潜在意識の奥深く手を届かせるためには、思いを一点に集める合理的な技術を習得する必要があるのです。

エジソンの勇気にならう

私は多くの投資家や実業家、大銀行家などの私室を訪ねたことがあります。それは、信念のサイエンスをまだ知らない時代のことでしたが、そういう大企業に飾られていた画像、写真、スローガン、彫像などから深い印象を受けました。またほかのオフィスでは、歴史に残る大銀行家の写真やナポレオンの胸像などを見ました。他の会社では、小さい神棚や仏陀の巨像もあり、オフィスの壁には、

「われわれは、いつでもどこでも不可能を可能にする」

「人がすることなら、われらにもできる」

「すぐ実行せよ」

「スターターとなれ、ほかから動かされるのを待つな」

などと書いてありました。事業界のナポレオンといわれたF・W・ウルワースのオフィスは、ちょうどナポレオンの私室の模型のようでした。

これらがはたしてどういう意味を持つものか、深く考えたことがあるでしょうか？　一見意味はないようでも、こういった部屋に座る人に、誰でもみな古人と同じような偉業ができるのだ、と思わせ、暗示として古人の姿をイメージに描いて心に深く焼きつけるためです。座右の銘やスローガンは、部屋を見まわすたびに目につきます。机に座るたびにナ

ポレオンが自分を見ているのを感じます。あるいは小さい神棚からは、なんとなく、そこからたなびく電気の流れを身に感じます。

言葉を換えて言えば、これは、社長たちが古人の姿を見るたびに、自分もあのようになったらと想像力を躍動させたり、考えがまとまり、気持ちも引きしまったおのれの姿を心につくりあげるための一つのサイエンスにほかならないのです。つまり、潜在意識へ掘り下げていく一連の暗示の役目をするわけです。

潜在意識に焼きつけられたものは確実に活動を起こします。心に描く姿そのままを現実の世界に実現するために心の底で活動力を養っているわけです。だから、私たちは一つの暗示に心を集中し、たえず繰り返し、それを信念にまで高めていく必要があるのです。

発明家T・A・エジソンも、暗示を繰り返して、それを信念にまでかためてしまうことが大切だと考え、多くの発明をするにあたってそれを常に活用しました。彼の死後、『旧約聖書』の一節、

「ヨナは大魚にのまれたが無事に生還した」

と書いた紙きれが見つかりました。エジソンは、これを読んでは失敗にこりずに勇気を持って実験に取りかかったものと思われます。そうでなければ、その紙切れを机の前に貼りつけたりはしないでしょうから。

欲求は人を進歩させる

この欲求と暗示ということを、私は野菜や草花のタネにたとえて考えてみたことがあります。土を耕し、小さいタネをまく。しばらくすると根をおろし若芽が出てくる。それが土を破って光と水分を求めて伸びようとするときは、小さい石や木片なども突きのけて上へ出る。突きのけることができなければ、そのまわりをめぐってでも伸びていく。土から上に出るという堅い決意に燃えているのです。そして、やがて生長して野菜や草花や果実となります。よほど強い力にあって傷つけられないかぎり目的をとげます。

私たちは大自然の深い神秘を知りませんが、土に埋まり、暗いところでふくらんだタネは、力をつくして美しいもの、または有用なものに生長します。手をかけて育てると、りっぱに育っていきます。

しかし、純粋なものであろうと雑種であろうと、完成するのはいつも必ずその種属のとおりのもので、ほかの種属のものになるということはありません。あなたが潜在意識に与えられる暗示も、それと同じです。単純であろうと複雑なものであろうと、成果はいつもタネの種類に相応し、また、あなたがどんな世話をするかによって育ち方もいろいろと違ってきます。

正しいタネを植えつけることを言い換えれば、純粋に一つのことを思い念じることです。

いつも同じ目的に向かって積極的に一つのことを思考しつづけて、たえずそれをはぐくまなければなりません。そうすれば、自然に強い力をたくわえて伸びていき、あらゆる方途を捜して障害を乗り越えていくことになります。根を伸ばして栄養をとりながら生長し、枝を四方に広げて、太陽の光線をたくさんあびるようになるので、自然に葉も茂ってきます。

人間に欲求があるからこそ世界が進歩するのです。欲求がなかったとしたら、私たちはいまも原始的な生活をつづけていたはずです。近代の文明世界にあるものは、すべて欲求の結晶として生まれてきたものです。実のところ、私たちの生命に力をくれて活動を起こさせる原動力は欲求です。

欲求はわれわれにあらゆる行動をさせる原動力です。欲求なくしては、進歩はありません。欲求が強くはげしくなればなるほど、その欲求を満たす速度は速くなるのです。教育のない肉体労働者と洗練された紳士の違い、社員と重役の違い、失敗と成功の違いというふうに、両極端の違いが起こるのは、欲求のありかたに原因があるのです。

いずれにしても、あなたはまず欲求を持たなければなりません。そうして私のお伝えする技術を習得すれば、潜在意識というい わば一つのスクリーンのうえに、自分の欲求の描いた絵をはっきりとピントを合わせて映し出すことができるのです。そして、それを妨げる思いや邪魔になる考え、恐れや疑いをさしはさむ余地のないように――すなわちあなたの潜在意識に雑念が入り込まないようにする技術を学ばなければなりません。

カードを使う技術

そこで、早速、この技術の話に移りましょう。

まず三枚か四枚のカードを用意します。ふつうの名刺大の紙で結構です。オフィスでもあなたの部屋でもどこでもいいのですが、誰にも見られないところへ座って、なによりもほしいと思うものを自分自身にたずねてごらんなさい。

答えが出てきて、それが確かにあなたの最高の欲求であることをはっきり確認したならば、先の一枚のカードの上に、それを一言で表わすような簡単な言葉にして書きつけなさい。できるだけ一語か二語で表わすのが好ましいでしょう。就職、転職、金もうけ、新しい家など、どんなことでもかまいません。

それから各カードに、はじめのカードに書いたのと同じ文句を書いてください。それができたら財布、ハンドバッグなどに入れ、さらに一枚をベッドのそばなどに置き、さらに一枚はひげをそるときに見る鏡や化粧をするときに座る鏡台などに貼る。そして最後の一枚は机にピンでとめます。というのは、一日のうちどんな時間でも、たえず心の中にそのものの姿を描いて、イメージを深く植えつけたいからです。

そして、夜寝る直前や朝起きたとき、つまり二四時間のうちもっとも大切な時間にはいっそう力を込めて、一点に心を集中するのです。しかし、それだけではまだ足りません。そのほかいろいろな工夫をして自分の求めることをはっきりとした絵として心にあざやかに描くのです。そうすれば、より早く目的が実現することになります。

はじめはどういうふうにその効果が現われるのか見当もつかないでしょうが、心配はいりません。それ以上はすべて潜在意識の力に任せておけばいいのです。そうすれば潜在意識はひとりでに仕事をして、思いもよらない時と所で、その効果を現わすための門戸を開き、道を示してくれるのです。思いもよらないところから助け舟が出てきたり、あるいは自分のプランどおりにものごとを運ぶにはどうすればいいかという着想が、まったく思いもよらないときに自然と頭の中に浮かんできます。

たとえば、突然、長いあいだ便りのなかった人に出会ったり、かつて会ったこともない人を訪ねてみる気になったり、ふと手紙を出してみたくなったり、あるいは電話をかけてみる気が起こったりします。そんなときはなんであろうと、そのとおりにすることです。

そして寝床のそばには、いつも紙を用意しておいて、頭に浮かんだそういう考えを忘れないうちにすぐ書きとめて、朝起きるとともに忘れてしまうようなことがないようにするのです。成功した人は、夜中にふとアイデアが浮かんだときは、それを忘れないように書きとめておく習慣の人が多いのです。

このサイエンスをまだ手に入れないころのことでしたが、私はある会社の重役と知り合いました。その人は朝出勤してオフィスのデスクにつくとすぐに、思いついたことを書きとめておいた紙をポケットから出して目を通すことにしているのです。その一分か二分のうちにその会社は成功へ向かって活動を始めるのです。そのメモには、いろいろの広告媒体についての批判、販売方針、仕入れ事項、販売組織の改革案など、あらゆることが書いてありました。それらはみな、事業を進めていくうえで大切な名案ばかりでした。

カードの力で願いを実現させる

この本を書きながら、かつて私がある投資銀行の副頭取になって、その会社の苦境を切り抜けるためにこの技術を活用した当時のことを思い出します。私はまず全従業員を半円形に座らせて、向かい合いました。そして話を始める前に、みんなに紙と鉛筆を用意させました。私が口述するのを書きとめさせるのだろうとみんなは思ったそうです。しかし私がみんなに向かって、

「諸君が一生のうちでいちばんほしいと思うものを、何でもいいからその紙に書いてくれ

たまえ」

と言うと、みんな呆気にとられたような顔をしました。そこで私は、

「その紙にほしいものを書きさえすれば、それを必ず手に入れることができる方法を教えよう」

と説明したのです。それを聞いて二、三人の若手社員は笑って相手にしなかったようですが、年をとった人たちは私の真顔を見て、自分の思いつづけているかねてからの望みを書きとめました。そこで私が若い人たちに、

「もし諸君がこの会社をやめさせられて困るようだったら、私の言うとおりにしてもらいたい。会社の事業がうまくいかないようなことになると、われわれ全員は職を失って街頭に放り出されることになるのだからね」

と言ったところ、みんな私の言うとおりにしました。

この会合のあと、一人の青年社員が私のところへきて謝りましたが、「まあ、いいさ」と私はべつに咎めたりはしませんでした。彼は言うのです。

「最初はどうもお話があまりに変だなと思ったのです。たとえば自動車がほしかったら、自動車と書きさえすればそれが手に入るなんてばかばかしい話だと思いました。けれども、この技術全体についての説明をよくうかがいますと、私はこれには十分に理屈があると思

いなおしました」

その後数年経って、この男は私の家を訪ねてきて、見てもらいたいものがあるといって私を戸外へ連れ出しました。外の駐車場には高級な新車が置いてあったのです。

それから数年というもの、例の最初の会に出席した人たちについて、あのとき紙に書きとめた品物を実際に手に入れたかどうかをたずねてみましたが、例外なくすべての人が希望を叶えていました。

一人はある外国人の婦人を妻に持ちたいと書いていましたが、希望どおりその婦人を妻とし、いまはりっぱな男の子が二人もいます。もう一人は、相当額の金がほしいと書いていましたが、これもその望みを叶え、さらに一人は海岸に別荘がほしいと書き、もう一人は美しい家を建てたいと希望していました。そうして当時の社員たちは、いずれも欲求を満たされたばかりでなく、毎年引きつづいて確実に収入が増え、それまでになくとんとん拍子に出世をしていました。同業者たちはこの様子に目をみはりました。

ここで特に強調しておきたいのは、自分がカードに書いた文字はどういう意味のものであるかを、人に知らせてはいけないということです。感づかれてもよくありません。これを人に知られると、せっかく努力をしても、まったく効果があがらないおそれがあるからです。これは、この技術についてもっと深く理解がつくとわかることですが、他人から嫉妬を受けたりすると心のうちに別の思いの波が起こって、最初の念波に知らず知らずブレーキがかかるようなことがあるからなのです。

なぜそのようなことになるかというと、もし自分の欲求していることがらを世間に言いふらすと、気づかないうちに自分の精神力を分散して、一つのことに思いを集中しにくくなるのです。すなわち、潜在意識との密接な連絡が断たれることになるのです。もしそうなると、またはじめからやり直さなければならないおそれが出るのです。

「他人に自分の欲求していることを口外してはならない」ということが、この技術の大切なコツの一つです。

潜在意識をかためる方法

潜在意識は非常に感受性が強いもので、ほんとうであろうと嘘であろうと、または楽観的なものであろうが悲観的なものであろうが、あなたの言うことはなんでもそのまま丸飲みにして心の底にかためてしまうものです。ひとたびそれが潜在意識の中に根をおろすと、全能力と全精力をかたむけて、そのことをそのまま実現するようにはたらきはじめて、ついにそれを現実にしてしまうのです。

自分の思いや望みを実現するために潜在意識へ送り込みたいときには、**できるだけ簡潔**

な言葉で表現するほどよいのです。たとえば、現在もし不幸な生活をしているとすれば、その願いは簡単に「私は幸せだ」という積極的な表現だけでよいのです。それにカードはいりません。ただ自分自身に向かって二〇回か三〇回その言葉を繰り返すのです。

「私は強い」「私は幸福だ」「私には説得力がある」「私は親切だ」「なにもかもうまくいく」など簡単で建設的な言葉を繰り返していると、いつのまにか自分の心を持ちかえて、よい方向へ向けることができます。しかしその効果を長つづきさせるためには、自分の欲求していることがらが現実のものとなって現われてくるまで、たえずこういう積極的な言葉を言いつづけることが必要です。

しっかりした目標を持つ人や、自分のはっきりした欲求を心の中にイメージとして描いている人、あるいは理想を常に目の前にはっきりと持ちつづける人は、反復しているうちにそのことが潜在意識へ深く根をおろします。そうして潜在力がはたらきだして、その一つのことがらに全能力をかたむけつづけ、ついに最少の時間と最少の労力で目的を達することができるのです。

ですから、**休むことなく一つのことがらを念じつづけましょう**。そうすれば、一歩一歩、あなたの願いは実現に近づくことができるのです。才能と力の全部がその一つのことに向けられるのですから、それは花のつぼみが開かずにはいられないように、おのずから実現しないではいられないのです。

積極的な考えで心を満たす

たとえば、いまよりもよい仕事へ転じたいとか、または昇進したいと望むとすれば、カードを使うばかりでなく、自分自身に向かって、

「必ずその仕事や地位が得られる」

と、たえず言いきかせるのです。この技術を身につければ、自分の念願を言いつづけるうちに、いつしかそれを達成した姿が心のうちに画像となって深く焼きつけられるようになります。

これは、釘を打ち込む仕事と同じです。釘を金づちで一回目にたたくのは、その釘を材木の適当なところへ立てる仕事です。それにつづいて何回も強く打ち込んでこそ、釘は頭まですっぽりとそこへ深くはまり込むことになるのです。潜在意識も同じことで、力強く命じられたものだけを受け入れて、それを実現させるのです。

これをもっと形のあるものを例にとって説明しましょう。二つのものは同時に同じ空間を占めることはできないので、一キロの米と一キロの麦を同時に同じ一キロの袋に入れることはできません。この袋と同様に、あなたの心も一つの容積の空間と考えてみることが

できます。あなたの心の中が積極的な思いか創造的な考えでいっぱいになっているとき、同時にそこへ消極的な考えや疑念を持ち込もうとしても、それはできることではありません。

また、あなたの心は扉が一つしかない部屋のようなものであり、その扉をあける鍵はたった一つだけで、あなたがそれを持っているのだと考えることもできます。その扉をあけて、何をその部屋へ持ち込むかを決めるのは、あなたひとりの権限です。その部屋が積極的なよい考えで満ちているか、消極的なつまらない考えで満たされているか、どちらにしてもそうさせしめる鍵は、あなたひとりが持つのです。潜在意識はいずれにしても、こうして心の中へ入ってきたもっとも強い力に屈服して反応を起こします。

こういうわけで、**潜在意識の中へ不都合な考えが入ることを許しさえしなければ、何を聞いても見ても体験しても心配はありません**。言い換えれば、心の中はいつも積極的なものの考え方で満たしておくことができるのです。そうしてこそはじめて、外から侵入しようとする消極かつ破壊的なものの考え方を払いのけられるわけです。

哲学者は昔から、幸せでありたければ、忙しくはたらくか、夢中になれるような仕事をするに限ると教えています。そのわけは、なにか一つの仕事に気をとられて、そのことに考えが集中していると、心のすきまに入り込みたがるさまざまの悪い雑念が食い込むところがなくなるからです。

だから、医者は、事業家などの忙しい人に向かって、いろいろな憂いや悩みから離れて気晴らしをするために、趣味や娯楽などを持つようにすすめるのです。あるいは旅行や引越しをしたりして、新しい土地でふだんとは違う交友を求めて気分を変えることをすすめるのです。そうすれば、病気のもととなるような好ましくないものの考え方に動かされたり、悪いことを連想する機会などもなくなるから、病気の回復を早めるというのです。

思い出されるのはアメリカ軍が北フランスに上陸したとき、ある老人夫婦が大切なひとり息子を失ったできごとです。この夫婦は、息子が戦死したという報告を受けてから数カ月間というものは、息子の部屋を出征したときのままの状態にしておきました。日曜日には二人で部屋の調度品を、あっちこっちと置きかえてみたり、息子の遺品をなつかしくいじりまわしたりして、何時間も過ごしました。

こんなふうに、いつまでも死んだ息子の思い出ばかりに沈んでいると、二人は悲嘆のうちに老い果てて、世を去るよりほかに道はありません。愛する子を失うことが、どんなにつらいものであるかはよくわかります。しかし過ぎ去ったことばかりに気を取られずに明日を思うべきだと、この話は教えるのです。**私たちは今日に生きるのであって、昨日に生きているのではない**のです。

さて、これまでの説明で、私たちはいろいろな環境や境遇、物質的な豊かさなどにいたるまで、すべては自身の思考によってそれは現実となっている、ということがはっきりわかりました。**常日ごろ大切に心に抱いている念願を現実のものとすることができるかどうかは、あなた一人の力によって決まる**わけです。

仮に家がほしいとします。その家の絵を心の中に描き終わったならば、それを積極的な言葉に言い表わさなければなりません。なんでも思い思いの好きな表現をすればいいのです。

「あの新しい家を手に入れるんだ」

というようなことでよいのです。すると、いつかそのような家が自分のものとなるように、おのずから道が開けてくるのです。

もしもあなたがセールスマンであって、なんとかして売上高を増やしたいと思うなら、さきに述べたカードを使って、できるだけ頻繁に「なんとしてでも売上げを増やすんだ」と、自分自身に話しかけて力づよく言いふくめるのです。

神がかりに聞こえるかもしれませんが、期待したことはたいてい実現されます。だから、必ず売上高を増やすことはできると期待して、そうなるに決まっているという信念を持てば、私たちの行ないすべてのうえにそのとおりのことが現われてきます。

ある保険会社の社員で、この技術を身につけたおかげで、一年たらずのうちに二〇〇％も契約額を増やした人がいます。この人は私に言いました。

「主任が私に、Cさんを訪ねて契約をもらうまでは会社へ帰るな、と命じました。この見込客はクルミほどに堅い人で、ひととおりのことで砕ける人間じゃないんです。おそろしく頑固で気まぐれな男だという評判で、どこのセールスマンが行っても、ことごとく面会謝絶をくらいます。まして、保険勧誘員など受けつけるものではありません。しかし、不動産など相当の財産がある人で、私の考えとしては、火災保険から損害保険にいたるまで、とにかくなんでもかけておかなければならない立場の人だと思っていました。私は自分の会社の階段をおりて街を歩き、この人のオフィスへたどりつくまでのあいだじゅう、自分自身に言いつづけました『お前はあの人の契約をもらうのだ。あの人の契約を取るのだ。あの老人は、いい人なんだ。ひとが何と言おうといい人だ。きっと快く会ってくれる。こちらの申し出をきっと受けてくれる』……こう二、三〇〇回も繰り返したでしょうか。すると案の定、とても親切に会ってくれ、そのうえ二万五〇〇〇ドルの契約をしてくれました。私の会社としてははじめてこの老人と契約ができたのです」

この保険会社の社員は、だいぶ前にこの仕事をやめ、自分で商売を始めて田舎に地所などを持ち、いまでは著名人になっています。ついこのあいだ私に会ったとき、「おかげで、これで一生食うに困りません」と打ち明けました。

老いをも阻む潜在意識

もうひとり、七八歳になるのですが六〇歳ぐらいにしか見えない人の話をしましょう。私の心理技術を熱心に信奉する人で、独力でついに莫大な財産をつくりましたが、いまでは金のことよりも心理研究のほうに没頭して、潜在意識を使う実験に忙しい日々を送っています。その人が言うのです。

「潜在意識に向かってなにかものを言うときは、ちょうど誰かほかの人に命じるときのようにやります。はたしてそのとおりに実行してくれるものかどうか、などという疑いはいっさい持ちません。たとえば、胃が悪いときなどは『よくなれよ』と言うだけでそのとおりになってくれます。どんな病気になっても同じです。もし朝五時に目ざまし時計なしで起きたいと思うと、潜在意識に起こしてくれよと一言頼むだけです。いままでのところ、一度も私の望みを聞いてくれなかったことはありません。

私は前からそう思っていたのですが、潜在意識は、六〇歳になったら人間は年寄りなんだと信じさせられてきたのです。だから潜在意識がそう信じているからには、人間はいきおいそうならざるをえないのです。しかし私に関するかぎり、そんなことはお断りです。

私は受けつけません。私はいまでも五〇歳のころと同じ若さです。このまま、もう何年かつづけるつもりです」

こういう話から見ても、**あなたの潜在意識に、年をとったから老い込むのだという考え方を植えつけないほうがいい**のです。また、人間は年とともに老けていくものだという考え方を潜在意識に注入しないようにすれば、いままで天寿と言われていた年よりもずっと長生きができるのです。そういう可能性は十分にあります。

思いの集中で偉大な仕事を達成する

多くの人たちは、暗い消極的なものの考え方をしている他人の考えに引きずられて、自分の考えや信念に混乱をきたしたり挫折したりします。そんな理由で失敗するセールスマンはたくさんいます。

たとえば、見込客がこれこれの理由で買わないというと、その言葉を暗示として深く自分の心の中へ受けとめるのです。そういう消極的な相手の考えを繰り返し聞かされて、それが長期に及んでたび重なると、相当に堅固な信念の持主でもそれに動かされて、心の中に消極的な考え方がふくらんできます。そうなれば、自分の欲求に思いを集中し、積極的な考えを打ち出してそれに対抗しないかぎり、遅かれ早かれ敗退しなければならなくなります。

なかには、このような消極的なものの考え方をする相手方の力に対抗するために超人的な努力をし、強い意志の力で抗戦しようと試みる人もあります。ところが、**相手の暗示にかからないように防ぐ力は、そういう努力や意志よりも、むしろ自分の心の持ち方一つである**、ということに多くの人は気がつかないのです。

しかし、そんなことに気づくと否とにかかわらず、私たちはすべて暗示のとりこになっていて、まるで催眠術にかけられた状態で生きていることが多いのです。たとえば、一定の型の服装を身につけ、流行を追うのは、そういう服装や流行に従うのが正しいことだとたえず周囲から暗示として聞かされて、そう信じさせられるからです。

住宅も教会や寺院も、事務所も、自動車やバスや電車も、何年来同じ型のものがつづいています。仔細に考察すると、人類のあらゆる活動について、私たちの周囲は、大衆的な催眠術にかかって動いているのだともいえます。

長きにわたる観察によると、私が説くサイエンス技術を意識して使う人（意識せずに使っている人も）はおそるべきスタミナの人であり、エンジンそのもののような人間であると言えます。彼らは想像力を生かし、強い信念を持つばかりでなく、行動力から見ても、いわゆる実力型の活動家です。ここで力を込めて言いたいのは「**行為をともなわない信念**

は死だ」ということです。

この地球上には集中された思いだけによって、つまりオフィスに閉じ込もったまま他人と接触することなく、目を見はるばかりのすばらしい大仕事をする人がいることは間違いありません。

しかし、このいわゆる物質的な世の中では、だいたいにおいて行動力のある人が世間を支配するのです。りっぱな発電機のような精気を持ち、かつ、他人にも精気を与えるような人が世を支配するのです。

その在世中、おそらく誰よりも振動の法則を知りつくしていたであろう電気器具発明の鬼才ニコラ・テスラは、ポケットにしのばすことのできるほどの小さい機械で、ニューヨーク第一の高層建築であるエンパイア・ステート・ビルをこなごなにしてしまう力が出せると公言しました。事実、一九世紀の終わりごろ、テスラがそれぐらい小さな道具を使ってはじめて実験を試みたときには、ニューヨークの下街の建物を揺り動かし、窓ガラスを壊し、オフィスの家具を動かしたりしましたが、その機械はテスラの心のうちから出てきたもので、彼の精神がそれを創造したのです。ここにこそ「信念を行動で裏づけた」という実例を見るわけです。

形而上学者や神秘教の教師たちは、自分の部屋の椅子に来客を座らせ、その欲求のイメージを書き出させれば、それをどんどん実現させてやることができると公言しますが、そういうことができるためには、心の絵や思考の放射が的確かつ不動でなければならず、大変な修業とともに強力な集中を必要とするのです。すなわち、熟練してかつ精神の集中ができれば、もっと驚くべき不思議な現象が起こることも記録されています。

しかし、そういう精神力を育成するまでに熟練していない人たちは、努力と精神力をかたむけて、心のうちに描いていることがらを実現するためには、潜在意識の命令のままに行動するのが近道と思います。

かつてアメリカの大統領F・D・ルーズベルトは、たえず潜在意識にたよって暗示を繰り返せば、そのとおりものごとが実現すると信じた人です。そして、決して「後ろ」を見ず「前」だけを見て、「昨日」のことはまったく無意味で閉ざされた書物と同じだと考えていました。小児麻痺に苦しめられた病後、なんとかして松葉杖を使わずにステッキだけで歩けるようになろうと決意しました。近親の者も再び歩けるようにと祈って、そのしるしとして杖を送りました。ルーズベルト大統領は大喜びで夜どおしその杖にもたれて、

「フランク、おまえはきっとまた歩けるよ！」

と自分に向かって繰り返し言っていたということは、その場にいあわせた人の実話です。

彼は信じることの威力を堅く信じたのでした。ある医者が小児麻痺の経験者である彼に闘病法について聞くと、彼は言いました。

「激しくない運動、マッサージ、そして日光浴が大切です。しかし、それよりもさらに大事なのは、患者自身が、この病気は治ると信じることです」

これは、私の言う「信念の魔術」を証拠だてています。繰り返して暗示を与えることは、信念を築く根源となるものです。

第6章

潜在意識を躍動させる技術

富を得るためのサイエンス

人間の悩みの多くはお金が足りないことから起こります。しかし、この信念の魔術のサイエンスを用いて、一〇〇〇ドルの札束をいくつも手に入れたという話を私に聞かせてくれた人も、また手紙をよこしてくれた人もいます。この方法を使って全精力を込めた行ないにでれば、お金は必ずできるものです。一つのことがらに思いをこらす思念の力によって、お金は引きつけられるのです。ひとたびそれが地平線上に姿を現わせば、それを手に入れる方向へあなたの思考力が導いていってくれます。

私が投資銀行の仕事をしていたころ、多くの資産家と親しくつきあいましたが、その人たちはみな強い「**財物意識**」を持っていました。彼らは財産を貯えることに思いをめぐらし、それを手に入れるために、この本に書いた私の体験と似かよった用法を使っています。

しかしある期間はじっと待ってばかりいても、目的のものはひとりでに手の中へころがり込むものではありません。まず、自ら仕事にかかって行動を起こさなければなりません。いつも心の中に目標を置いて、できるだけ無駄な費用を節約して、それだけのお金を積み上げることです。たとえば、月々の給料のうちからいくらかを節約してそれを積み立てるごとに、自分のものとなる目標の資産に一歩ずつ近づきます。そういうふうに考えて、できるだけ多くを節約するのです。多く貯めれば貯めるほど、それだけ早く目標の財産ができるのです。

それから、貯えたお金は利息を生むような、役に立つ仕事に投資します。ギャンブルや株への投機はいけません。はっきりした実体のある証券や土地、自分の事業に投資するほうがよいでしょう。その投資があなたの財物意識のもとに増えていくに従って、あなたの持ちものがますます増えることになります。有利な投資のチャンスは、思いもよらない未知の方面からたくさん湧いてきます。

しかし、あぶく銭を追いかけるような浮いた仕事に手を出してはいけません。わずかのお金でも投資するときには、前もって堅実な人の意見を取り入れなければなりません。

希望の仕事を得る方法

すべての物質は、はじめは思考です。誰かの心にあった思いです。商品を売る人はほんとうは思考を売っているのです。機械だとすれば、それは機械が行なう作業能力を売っているのであり、もし食物ならば、どんな滋養があり、いかに美味しいかという内容を売っているのです。

このように、すべては人の考えが生み出したもので、あらゆる事業、すべての財産は、思考の結果としてつくり出されたものです。誰かの想像のはたらきがあって、それにある行為が追加された結果として生まれてきたものにほかならないのです。

私は、有名な水着メーカーであるジャンセンのメリヤス工場の発展ぶりを、ここ数年というもの、注意ぶかく見守ってきました。このメーカーは一つの考え方から生まれ、ついには地球をひとめぐりするほどの大組織にまで発展したのです。

私は、取締役会長のI・A・ゼントバウアーと、なんども心のサイエンスの問題について語り合い、彼から次のような手紙をもらいました。

「世の中のある人たちは、なにか不断の力を背景に持っていて、とんとん拍子に成功しています。しかしまた、他の人は、粉骨砕身はたらいても、その性格のうちになにかが不足していて、成功の彼岸に達することができません。

私はそういうことのなにかを父と母から教えられたと思います。私たち子どもが不平がましいことをいうと、母は『ぶつくさ言ってはいけません。こんなすばらしい世の中に生きられるのは、どれだけしあわせなことかわからないんだね。元気をだして笑って、目の前のしあわせをありがたいと思いなさい』と口ぐせのように教えました。

父も『すべて明るい面を見なさい。暗い面は見ないほうがいい。黒雲もその上側の面には日光が当たってギラギラと照り輝いているのだ。そこを思いなさい』といつも言いきかせてくれました。そういうふうに言われて育った私は、あなたのサイエンスを心から尊重しています。どんな境遇にある人にも、きっと役立つと思います」

いまの、ことに激しい競争の世の中では、職につくにしても、それにふさわしい心の準備がしっかりととのっている人ならばともかく、その心を持ちあわせていない人には思いどおりの職はとても探しにくいのです。

ものごとには順序があります。自分はよい仕事につく資格があると感じるならばそれを堅く信じて、そのために十分な準備をして、そのうえでこのサイエンスを応用すると、職業でもなんでもたやすく手に入れられるのです。

ある有名な会社の重役に私は次のように言いました。

「多くの人が職を探してもなかなか見つからないのは、自分のことばかりを考えるからです。雇い主のためにどのくらい役に立つかということを雇い主の身になって考えて、その点を雇い主にはっきりと印象づければいいのです。ところが、だいたいそんなことは、ちっとも考えていません」

こういうと、雇い主はあまりにも現金主義のように聞こえるかもしれません。しかし競争の世の中では、すべての雇い主が現実に直面しているのは、利己的な問題なのです。

「もしあなたが、あなた自身の考えに従わないのであれば、自らの考えを行なう人に従いなさい」ということわざがあります。これはまさにそのとおりで、これが指導者となる人と使用人となる人の分かれ目です。いつの世でも、**自分の考えや想像力をはたらかせることをしない人は、そうすることのできる人に使われる立場に立つ**のです。

たとえば、頭を使ってものを考えるような仕事をしたがらない人は、体力をもってはたらかなければなりません。そして、そういう仕事をする人は、人より安い収入に甘んじなければなりません。

やりたいと思う仕事があれば、それを心眼に描いて、心眼を見開いてそれを見ることです。そして、さきに述べたカードを使い、それをたえず心の中で繰り返して、目標への信念をあなたの生命力に溶け込ませ、血や骨、その他の組織にも浸み込ませることが大切です。自分が希望する仕事を、目の前にあるかのように心の中に描くのです。それができるならば、目的は必ず実現するに決まっています。一日じゅう、たえず心の中に堅く抱きつづけているものは、遅かれ早かれ現実のものとなって現われるのです。

鏡を使って自分を変える

さきに私がくわしく説明したカードによる技術を忘れてはなりません。が、ここでもう一つ、鏡を使う技術があります。その方法を説明する前に、これがどのような効果があるかを示す一つのエピソードをまず述べておきましょう。鏡のサイエンスをカードとともに使えば、いっそう効果的に、しかもすみやかに結果を出すことができます。

数年前、私は製材機械の特許をたくさん持つ、ある大富豪の夕食会に招かれたことがありました。集まった客は新聞社主、銀行家、企業家などおおぜいで、豪華なホテルの何室かを借りきったぜいたくな居室に招かれて、製材所の新しい設備についていろいろと説明を聞かされました。食前に出されたリキュールで非常に座がにぎわって、しばらくのうちに主人までがしたたかに酔ってしまいました。

いよいよ夕食となる直前に彼が酔いつぶれて寝室のほうへ逃げ、洋服ダンスの前でよろめいているのを見かけたので、助けるつもりで私はその部屋の戸口のところまで入ってきました。ところがそこに立って見ていると、彼はタンスの両端を両手でつかんでからだを支え、鏡の中をのぞき込むようにして、よく酔っぱらいがクダをまくときのように、なにかぶつくさ言っているのです。

やがて彼の言葉はだんだんはっきりしてきて、私にも意味がわかってきました。私は少し身をひいて彼を見ていると、彼はこうつぶやくました。

「ジョン、おまえは何をしているんだ。客はみんなおまえを酔わせておもしろがっているのだ。負けてはならないぞ。おまえは酔ってない。少しも酔ってはいない。りっぱに酔いはさめているのだ。今日はおまえが主人だぞ。酔ってはならないんだ」

こういう言葉を繰り返しながら鏡に映る自分の目をじっとにらみつけているうちに、彼の顔色はたちまち変わってきました。やがて姿勢もしゃんとし、顔の筋肉もみるみるうちに引きしまってきました。だらしなく酔った様子は、いつのまにか消えてしてしまいました。わずか五分間のできごとです。

私は、警察回りの新聞記者をしていたので始末におえない酔っぱらいは相当に見なれていますが、こんなふうに急に酔いのさめた人を見たことはありません。私が見ているのを彼に気づかれないほうがいいと思ってすぐにその場を立ち去りましたが、まもなく食堂へ行ってみると彼はテーブルの端の主人席にきちんと座っていて、顔こそまだ少し赤らんでいましたが、酔った様子など少しも見せていませんでした。

食事の終わりに彼は、まさに画期的な新計画の成功についての確信を、あたかも一枚の絵を見せるようにあざやかに説明して、居並ぶ人びとに深い感銘を与えました。それから何年か経って、私が潜在意識というものを深く研究するようになり、この酔いつぶれがみるみるうちに酔いをさまして几帳面な主人役に立ち返っていく過程を考えてみると、私のサイエンスに対する確信はいよいよ深まるばかりです。

リハーサルの効果

その後、私は長年、鏡の技術をおおぜいの人に教えてきましたが、これを利用してすばらしい効果をあげたことがたびたびあります。

言いつくせないほどの苦悶を胸に秘め、私のところへ救いを求めにくる人が非常にたくさんいます。その中には婦人も少なくありません。たいていの婦人は泣きじゃくりながら心の苦悶を訴えました。そんなとき私は、その人たちを等身大の鏡の前に立たせて、ご自分の姿を自らよく見てもらうことにしました。そこになにが見えるか？　打ちひしがれた泣きべその顔か？　それとも一人の勇気ある闘士の姿か？

自分で自分の顔がどう見えるか、と聞いてみると、彼女たちはたちまち自分の泣き顔を取りつくろうのです。女性というものは、自分の姿を鏡に映してみると、泣くことはできなくなるもののようです。これはおもしろい発見でした。それは自尊心からか、羞恥心からか、弱味を人に見せたくないからか――いずれにせよ、なぜ泣きやむかはここで問題にする必要はありません。それより大事なことは、自分の姿を鏡に見るときに涙が乾いてしまうという事実です。

大雄弁家や説教家や俳優や政治家などはすべて、古くから鏡を使う技術を知っています。アメリカの名政治記者W・ピアソンによると、イギリスの首相W・チャーチルは、大切な演説は必ず鏡の前で、一度リハーサルすることにしていたそうです。またアメリカの大統領W・ウィルソンもそうであったとピアソンは言っています。私の考えでは、そうすることによって、潜在意識に活力を与えることになるのです。飛行機のエンジンにガソリンを送り込む過給器のような役目をして、演壇に立ったときに体内に活力が満ちあふれ、それが聴衆の頭上に流れていき、深い感銘を与えることになるのです。

演説をする前に鏡に向かってリハーサルすると、自分のジェスチャーや言葉や音声、聴衆を見わたす態度などについて、まもなく演壇で行なう場面の自分の姿を深く心にきざみつけることができるのです。鏡を見ることによってその人の心の振動波は強化され、言葉の持つ意味や力も強まって、聴衆の潜在意識へ直接深く入り込めるようになるわけです。

有名なある保険会社のセールスマンは、早くから信念のサイエンスを活用していました。

大切な見込客のところへ出かけるときは前もって必ず鏡の前で勧誘のリハーサルを行なっていて、それを一度も欠かしたことはなく、契約高の成績も驚異的でした。

セールスマンがよく聞かされる言葉に、「もしおのれを説得できなければ、他人を説得できるわけがない」というのがありますが、これはまさに真理です。

宗教であろうと軍事であろうと、歴史上のあらゆる大衆運動はみな一個人から生まれたもので、自分の燃えるような信念が、ほかの何万という人の考えを自分のほうへ引きずり込んでしまうのです。心理学を深く研究しなくても、ひとりの人間のあふれるような情熱がたちまちほかへ感染するいうことは、誰にもわかるはずです。

鏡を使うのは、そういう効果を生む簡単でしかも有効な方法です。それによってセールスマンは、自分の手腕への信念を強めるとともに、熱の込もった威力を人に加えることができるのです。

鏡の技術は、まず**自分の潜在意識の威力を呼びさまし、相手の潜在意識へ直通させて、相手をすみやかに説き伏せることのできる有効な方法**です。

私たちの日常は、気づくと気づかぬとを問わず、常になにかを売っています。品物でなければ人格やサービス、さもなければ思考を売っているのです。実際、私たち人間同士がお互いに結ばれて生活していくところでは、必ずお互いになにかを売ったり買ったりする関係が根本をなしています。他人を説いて自分の考える方向に引きずっていくときも、やはり同じ関係が成り立つわけです。

法律上の契約とか意見の合致なども、結局は「心と心が出会う」ことです。どちらかが相手を自分の考え方に引きずり込むことができなければ、心の合致などはとうていありえません。しかも、大事な点について心と心が合致すれば、あとはきわめてあっけないほど簡単なことで、契約書に署名してもらうなどは一、二分ですむ仕事です。

経済不況のころ、私は各方面の商店や会社の営業部と仕事をして、売上増進をはかっていました。そのころ鏡を使う方法を紹介して、それぞれの会社はめざましい成績をあげました。洋菓子屋の配達用車には、後部の扉裏にみな鏡をつけさせました。自分で車を運転して売り込みに出かけるセールスマンたちは、配達するパイを積み込もうと車の扉をあけると、まず鏡に映る自分の顔を目にするというわけです。

また、私は一人ひとりに、お得意の取引小売店へ入っていく前に、今日はいくつパイを売るかをあらかじめ心に決めるよう教えました。そして鏡の中の自分自身に向かって、それだけの数の品を店のカウンターに必ず置いて帰るときっぱり言いきかせることを命じました。その後、数カ月経って一人の配達員の言うところによると、それまで、あるレストランの女主人に一つでもいいから売り込もうと必死になってもどうしても買ってくれなかったのに、鏡の技術を使ってみると、その日はなんと一〇個のパイを買ってもらうことができたそうです。この話を私が聞いたとき、彼は毎日決まって一五個のパイを売り込んでいたのでした。

鏡の力をセールスに使う

保険会社や金融会社をはじめ、ゴム会社や自動車代理店、菓子会社のようにセールスマンの多い会社では、この鏡の技術を有効に使っています。

私が前にいた会社では、迫る苦境を前に一八〇度の思いきった方向転換をしなければならなかったので、まずオフィスの裏側の従業員たちが帽子やコートをかける部屋へ鏡を置いて、この技術を試みることにしました。社員がその部屋へ出入りするときに必ず目につくようなところへ鏡を置いたのです。はじめは、「さあ勝とう」「不屈の精神に不可能はない」「われわれには覚悟ができている。それを実証しよう」「敗退か繁栄か?」「今日はいくつ売るか?」など、さまざまなスローガンを紙きれに書いてはりつけていましたが、のちにせっけんでじかに鏡の面に書きつけるようになると、毎朝新しいスローガンが次々と現われました。

同業の会社もなんとかして倒産をまぬがれようと必死にもがいているときで、私たちもこの苦境を切り抜けようとあがきつづけていました。そこで、この鏡を増やして、オフィス入り口の扉の裏枠へも鏡をはめ込むことにしました。セールスマンは必ずこの鏡を見てから路上へととびだすわけです。さらに、セールスマンや役員など全社員の机の上のカレンダーの枠の中にも鏡を入れることにしました。

そのせいでしょう。驚いたことには、景気はどん底に沈んだにもかかわらず、セールスマンたちは一人残らず収入が三倍から四倍に増えました。それ以来ずっと、その成績を維持しています。なかには好況のころでも収入三〇〇〇ドルを超えたためしのない人たちまでが、数年前から今日まで引きつづいて月収一〇〇〇ドルを保っています。

眉ツバだと思えるかもしれませんが、これはいつわりのない話です。私のファイルには、社員やセールスマンなどからもらった多くの手紙が綴じてあって、鏡を使えばどれだけ効果があるかということを、この事実をもって立証しています。

そこで、この鏡を使うコツを説明しましょう。

まず鏡の前に立ちます。鏡は等身大のものなら理想的ですが、そうでなくても、からだの腰から上が十分に映る程度のものならばかまいません。

まずその前に立って軍隊の気をつけの姿勢をとります。直立し、かかとを合わせ、腹をひっ込め、胸を張り、あごを引いて顔をあげます。そこで三、四回深呼吸をして、体内に自信と力と決意が湧くのを待ちます。ついで鏡の中の自分の目の奥に見入りながら、欲求していることを必ず成しとげるぞ、と自分に向かって言うのです。その欲求は、自分の耳に聞こえるぐらいの大きい声で口に出すようにしましょう。そうすれば自分のくちびるの動きが見え、自分の言葉が耳に残るわけです。これを少なくとも一日に二回、朝晩に行なうことを習慣とすれば、その結果として自分でも驚くようなことが現実に現われてきます。

この効果をさらに深めようと思えば、せっけんで鏡の面に好みのスローガンや標語を書くのもよいでしょう。たとえば、自分が前々から心のうちに描いていたことや、現実に現われるのを目のあたりにしたいと念願することを書くのです。これを二日、三日とつづけているうちに、これまで感じたこともないような自信が、からだのうちにみなぎってくるのを覚えるにちがいありません。

もし、特別に頑固な見込客を訪問するときとか、あるいは以前からこわいと感じている会社の社長などをインタビューしようとするときなどには、この鏡の技術を利用して、なんの恐れもなく言いたいだけのことが言える自信がつくまで、鏡に向かって練習をつづけるのです。

演説するようなときは、なんども鏡の前でリハーサルすることです。身ぶりもつけ――こぶしを握って、議論の主旨を聴衆の心にたたき込むような――自分にとっていちばん無理のない、自然なジェスチャーを使ってみるようにすればよいのです。

鏡の前に立ったら、自分がめざましい成功者となること、そして世のなにものをも恐れないことなどを自らに言いきかせることです。そんなことはばかばかしくてやれるもんか、という人もあるかもしれません。しかし潜在意識に向かって提供されたあらゆる念願は、みな現実の人生においてそのとおりに具現するのです。それを忘れてはなりません。

ただし、自分がこういうことをしているのだということは、あまり軽々しく他人にしゃべらないほうがいいでしょう。そんなことを聞くと、ばかにして笑う人もないとは言えませんし、そんなことから自信がゆらぐようなことになってはいけないからです。ことに、このサイエンスを学ぶ初期のころには、そんな注意も大切なのです。

あなたが会社の役員か営業の責任者などの立場にあって、組織全体の士気を上げたいと思うようなときには、従業員たちに鏡の技術を教えて実行させると、必ず大きな効果をおさめられます。いまでは、多くの会社が、これを使って実績をあげています。

目力を強くする

目力については、いろいろ書かれているものがあります。目は心の窓で、あなたが心の中で考えていることを外に表わすものです。**目は思考のみでなく、心の中をはっきりと表**

現するものです。

ところが、この鏡の技術を実行しだすと、われながら驚くほど、自分の目にチャーミングな色や動的な力が込もってくるのがよくわかります。この力は、なにものをも貫き、すべてのものの奥まで見通すような深い目つきになり、相手の人はおのれの魂の奥底までも見すかされるのではないかというような気持ちになるものです。そうして、いつのまにか目に強い迫力が込もってきて、相手の人は、この心からの迫力に圧倒されるようになります。

エマソンは、人の目にはその人の地位がはっきり現われていると書いています。だから、一目見て自信に満ちていると人に思われるような目の力を養うためにも、鏡の利用はとても有効なのです。

鏡の技術はいろいろなことに利用されて、すばらしい効果をあげています。たとえば、もし姿勢が悪くて歩き方もだらしがないと見られるような人は、等身大の鏡の前で姿を直す努力をすると、目に見えて効果が上がります。鏡は他人の目に映るままを映し出してくれます。だから、鏡の前で練習すると、他人に見てもらいたいと思う理想的な姿に、自分をつくることができるのです。

たとえば演劇で、ある人物の役割を任されると、いつのまにかその役の人に似てくると言われます。それから見ても、鏡の前のリハーサルほど有効なものはありません。といっても、サイエンスには虚栄はないのです。だから、軽はずみな心で鏡を利用してはいけません。ほんとうに自分があこがれていて、あのようになりたいと心に描く人物に自分をつくりあげるために使うのです。

すぐれた人物として世に名をあげた多くの偉人が、この鏡の技術を使って自分の人間をつくりあげ、世間の人びとを導く力を養ったという史実があるのですから、前途に大きな望みを抱く人たちは、できるだけこれを利用すべきでしょう。

「虫の知らせ」はあたる

また、直観力や虫の知らせというようなことについてもよく書かれます。

一部の心理学者は、こういう直観的な考えは、空漠とした青空からひょっこり落ちてくるものではなく、それまでに体験し習得してたくわえられた知識、かつて見たり聞いたりしたことから生まれてくる、一種の総合的な結果であると言います。

そういう見方は、化学者や発明家などにはあてはまるかもしれません。つまり、長い研究によって得た知識や、それまでにつづけてきた実験の成績を土台にして、次は失敗に終わるかもしれないが、とにかく新しい試験をその上に重ねてみようというような生き方をする人には、です。

しかし私の信じるところでは、大多数の発明や偉大なアイデアや傑作は潜在意識からつくり出されるもので、心に植えつけられたことのないものが多いのです。私たちが現在なじんでいる風習や現在利用している品物などは、すべてはじめは誰かの心に一つの思いつきとして、ひょっこり湧いたものです。はじめは虫の知らせか直観のひらめきなど独創的なものであったはずです。だから、自分の頭に直観的に浮かんでくる考えをおろそかにしないことが大切です。あくまでそれにたよるべきなのです。

偉大な指導者、企業家、発明家などで成功した人たちは、仕事の手を休めてくつろいでいるときや他のことをしているような、本筋の仕事を離れたときにひょっこり頭に浮かんだ思いつきが発展して、偉大な仕事を完成するにいたったということが多いのです。

潜在意識のはたらきによってむずかしい問題を解決するには、まずあらゆる角度から全体を意識的に検討したうえで、眠りに入る前に潜在意識に向かって、どうかこの問題への解答を与えてくれるようにと頼むのです。そうすると、真夜中に急に目がさめてその解答が頭に浮かんだり、朝、目がさめると、とたんにその解答が頭の中にひらめいたりするものです。

そうでなければ昼間、仕事とまったく関係のない別のことに夢中になっている最中にひょっこりいい考えが浮かんできたりしますから、そんなときは、それをそのまま受けとって、迷わずにその指示に従う行動にでるのがいいのです。

たとえば、誰か人を訪ねようとか、電話をかけてみようというような第六感的な思いつきはよく湧くものですが、そのとき頭に浮かんだ人がどこかの社長ならば、その人が力を貸してくれることになるかもしれません。ところがその人の地位があまりに高いと、なんやかやと考えるとしり込みして、おいそれと会いに行く気になれなかったりするものです。

このように、一方では第六感の思いつきで訪ねてみよと命じられ、他方ではためらいやしり込みがあって、この二つの板ばさみとなって悩むこともあります。そんなときには、残念ながら恐れやためらいのほうが多くは勝ち、訪問を見合わせることになりがちです。

そのように恐れやためらいを感じるときには、

「私が彼に会うか電話をかけたりしたら、なにか自分にとって損になることでもあるだろうか？　なにか害があるだろうか？」

と、自分に聞いてみるのです。そうすれば、恐れたりためらったりする理由がどこにもないと知るでしょう。

思いつきはためらうことなく、そのとおりに実行するべきなのです。

ギャンブル的な使い方をしない

しかし、ここで一つ注意しておきたいのは、**ギャンブル的な考えや行ないは慎むべきだ**ということです。

カードゲームや競馬で賭けたり、株でボロもうけを考えることなどもってのほかです。なかには、直観力や第六感の力で思いもよらぬボロもうけをすることもあります。しかし、無一物からなにかを得ようと考えて、直観力や第六感を使うことは慎むべきです。というのは、ギャンブラーの最後は無一物となって悲惨な死にいたるものだからです。

また、第六感をたよりに、一度も経験したことのない新しい仕事に手を出すのもよくありません。それらは第六感というよりもむしろ浮いた単なる出来心です。ほんとうの第六感は、自分の仕事に直接、または間接に関係のあることで有意義な仕事をしようという意欲に燃えさせ、それにともなう行動を起こさせる力を与えてくれるものです。

あなたはこの本を、一夜にして財産や名声を打ち出す打出の小槌とは見ないでしょう。これは、第一関門を開く一つのカギとなるものです。その戸を開くと、外は広い道路で、その先のほうには欲求の願いを達成する最後の決勝点があります。この本はそういう門戸をあけるためのカギです。

自分の力量や素養とは不釣り合いな仕事に冒険的に突入するのは、明らかに賢明ではありません。たとえば、もしある大きな公共事業とか巨大な事業などの主導者になりたいというような大望を抱いたとすると、当然その仕事の知識を持たなければなりません。

このサイエンスは、最上の地位へ向かっていくために通らなければならないいろいろな道を教えてくれるとともに、その旅程を乗り切っていけるように導いてくれます。ですが、どんな方向をとるにしても、まず行動のプランを持たなければなりません。街角の薬屋の戸をたたいて、「なにか薬をくれ」という人はいません。はっきりとほしい薬や効能を伝えるのがふつうです。このサイエンスもそのとおりで、まず行動のプランを持たなければなりません。まず何を求めようとするのか、その方向をはっきり示さなければなりません。

もしも自分が何を求めるかをはっきりと決定ができたならば、それだけであなたは人に勝るしあわせものです。なぜならば、それによっていま、成功への道の第一歩を踏み出したわけだからです。こうして自ら欲求するものの姿を心の中に映像として焼きつけ、それを持続し、行ないによって発展させていけば、どんなことがあっても成功を妨げる障害を押しのけることができるのです。

なぜならば、潜在意識に向かって迫力の込もる命令を送り込めば、潜在意識はなんでもそのままに受け入れて、思うままの成功へ確実に向かわせてくれるからです。

第7章 世界は心の投影

世界は想像力と潜在意識の産物

成功するかどうかは、たえず努力をつづけるかどうかで決まります。一生懸命でいないと、せっかく手に入れたものも羽がはえて飛び去っていくのです。たとえ一瞬たりとも中途半端な勝利に甘んじて、自画自賛にのみ時を過ごしてはなりません。

広く世界を見ましょう。なるほど、目を見張るような進歩をしましたが、これで安心というわけではありません。まだ誰の手にもかかっていない莫大な資源が、いたるところに残されているのです。もちろん、さまざまな新分野は開かれているし、またこれからも想像力に富み意気に燃える人びとが、次々と偉大な事業を起こすことでしょう。しかし、まだほとんどすべての分野が白紙のまま捨て置かれている、と私は考えています。これから五〇年生きた人が今日を振り返ったとすれば、おそらくいまの時代を人類の初期の石器時代のように見るだろうと私は思います。

科学者の研究室では、素人から見れば途方もないような仕事が進行しています。木材などの原料から火にも水にも強い軽い布地をつくったり、沈まない船、太陽の光からエネルギーをつくる機械、心の中の考えを記録する機械など、驚くべきものが考案されています。こうした例は数えあげれば限りがありません。

そのすべては人類の想像力が生んだもの、あるいは心の底の潜在意識がつくり出した産物です。今後五〇年を待たずに、心の中で思っていることを暗黙のうちに交信する精神交流なども、いまのラジオのようにありふれたことになるかもしれません。誰が、そんなことはありえないと確言できるでしょうか?

人間は心のうちに描く考えを物質として表わすことのできる動物だと言われています。私たちが現に使用してその便益を享受している何百万という品を見れば、この言葉にいつわりのないことを裏書きできます。心の偉大な力を極めて、真にそれを活用すれば、この地球上だけでなく、地球近くにある惑星の万物をすべて支配することができる可能性があるのです。

私たちの内側には、そんな心の中のきらめきがうっすらと見えています。それをあおり立てて白熱の強い火に燃えあがらせ、その上にたえず燃料を注いで火勢を強めなければなりません。その燃料こそ思考そのもので、その思考につづく行動が大切なのです。

私の知人に生涯たくさんの仕事をして、いま七〇歳を超えている人があります。彼はいつも、

「世間の人の多くは、何の新しいことにも手を出そうとしないから、早く年をとって朽ちてしまうのだ」

と言って嘆き、つづけてこう言いました。

「何年来、私は少なくも一週間に一度は、自分にとってまったく新しい仕事に手をつけることに決めていた。たとえば台所で使う簡単な道具をつくるような小さい仕事や新規の販売計画、珍しい書物を読むことなどなんでもよかったのだが、この習慣によって私はからだも心も生き生きと保つことができた。本来ならば眠ったようにだらけてしまうはずの想像力を、いまだに有用にはたらかせることができる。人間が六〇歳になると隠退するというような考えは、大間違いである。精神も肉体も元気でありながら隠退して仕事を離れると、墓場へ急ぐようなことになる。そんな例は世間にざらだ。自動車なども、使わずに外に放りだして置くと、さびてしまってスクラップ工場へ送るしかない。人間も同じことで、閑居するとさびが出たり、しぼんだりして、ついには死んでしまうものだ」

少なくとも一週間に一度はなにか新しいことに手を出すというのは、つまり創意工夫の尊重で、人生の成功にはそれがいかに必要であるかを物語っています。創意工夫のない人は、職につくとそのまますぐそこにこびりついてしまって、何の動きも発展も示しません。自分の仕事に工夫をこらさず、新しい作業方法を工夫しようと努めもせず、不断にものごとを改良していこうとも考えないような人は、男女ともに、いつまで経っても下級事務員にとどまるよりほかはないのです。

多くの従業員たちには、会社で一生懸命にはたらいても、それは雇い主を肥やすだけだという考えが頭にこびりついています。雇い主が、従業員がはたらく場所や道具を提供してくれているので、そこで仕事をするのは自分自身のためなのだ、とは考えにくいのです。古いことわざに、「命令を受けることを知らなければ、命令する人にはなれない」というのがあります。それはそのとおりです。しかし、毎日毎日はたらいている人のうちで、いつかは自分たちも幹部になって、従業員に命令を下す立場になれるのだ、と考えている人は非常に少ないのです。

「友人を持つただ一つの道は、友人となることである」

とエマソンは言いました。そういう根本のことにまで考えが及ぶ人も、とても少ないのです。善いことをすれば、必ず人に善いことをしてもらえるのです。それは、安っぽくてあまりに幼稚な教訓に聞こえるかもしれませんが、真理はやはり真理です。

たいていの人は、ときには敵をつくるものです。人と仲が悪くなるのは、あなたが原因で人と気まずくなるのか、または相手が原因であなたと気まずくなるかです。そういう関係になると、自然とあなたはその相手をきらいになり、きらいだと思うあなたのその心が相手に反映して、相手もあなたを好かなくなります。そんなふうに敵対関係にある相手を再び友人に引きもどすことのできる人はしあわせです。

しかし、それはたやすくできることです。私をひどく憎んだ数人の男がありました。おそらく私がなにか不用意に言った言葉に腹を立てたのでしょう。彼らは私を殺してしまいたいぐらいにまで憎んでいたらしいのですが、私は彼らを親切な人だと考え、また心からそう信じました。結果、そんな簡単なことで、私は彼らをもっとも仲のいい親友に変えてしまいました。

敵を友人に一変させるという考え方をどこから得たかは、はっきりと覚えてはいません。ひょっこり心に浮かんだのか誰かに教えられたのか、そのいずれかでしょうが、長年そうすることを私の信条として守りつづけてきたところが、効果を現わしたのです。

世界はあなたの心の現われ

いつか、ある会社の悪口を言って、その会社の重役からひどくきらわれたことがあります。数ヵ月間というもの彼は、あらゆる機会に私に突っかかってきました。私もその反応の報復として、彼にぶつかっていきました。しかし、そのうちに、彼が敵意を抱くようになったのは、私が彼の会社を悪く評したからではなく、彼の人柄を悪く言ったのが原因だとわかったので、私は自分に向かって言いました。

「彼は悪い男ではない。私が誤解していたのだ。私がけんかの原因だ。すまないことをした。次に顔を合わせるようなことがあれば、そのことを心の中で彼に告げよう」

それが暗示となって、ある夜、私たち二人ともが会員であるクラブで会ったとき、いつもならば彼は私を避けるはずなのに、期せずして面と向かって対座するようなことになりました。そこで私が最初に口をきいて、

「どうだい、チャーリー君」

と言うと、彼はすぐになつかしそうに私の言葉に応じました。彼は私の口から親しみの込もったものを感じたらしいのです。いまでは二人は、非常に仲のいい親友です。

だから、忘れてならないことは、**私たちが敵と思っている相手は、私たち自らが敵につくりあげたもの**だということです。親友とか敵というのも、私たち自身の心の反映にほか

なりません。相手も、私たち自身が心の中に描いている姿に反応して、私たちを好いたりきらったりしているのです。

自分の心がこのように相手に投影されるということは、私がこの文章を書いていた今朝がたにもありました。私の家の洗濯用流しのパイプが詰ったので、配水管の修理工を呼ぶことにしました。これまで一度呼んだくらいでは忙しいと言ってなかなかきてくれず、しかも同業者の紹介をしてくれないこともあり、腹が立つことばかりで彼に悪印象を持っていました。ところがこの日は私の考えを変えました。

「修理工はみないい連中だ。これまでは運が悪かったのだ。彼のことは忘れよう」と、友人に新しい職人を紹介してもらいました。すると、こんどはとてもいい職人にあたって、私も仕事を手伝い、いつになく手っとり早く修理を終わることができました。

相手がよい男だと思い、そう信じるとそのとおりになる――私たちが受けとるものは私たちの心から出たものなのです。この大真理は身につけておくとよいでしょう。ぜひ、一度応用してごらんなさい。きっと驚くほどの効果があります。

たとえば、毎日乗るバスの車掌にこういう気持ちがどう反映するか。またエレベータ・ガールをどんなに喜ばせるか。あるいはカウンターのうしろに立つ店員に親しみを持つと、どんなに勇みたってサービスしてくれるか。論より証拠、一度ためしてごらんなさい。これは、人と人と触れあう人生のあらゆる面であてはまります。誠意に満ちた心を持って接すれば、敵をつくるような心配は決してありません。

「人にしてもらいたいと思うことを、人に向かってせよ」と聖書は教えています。実際成功した人たちは、その動機がなんであるかを問わず、人のためになにかをすれば人もまた自分のためになにかをしてくれるという考えを持っているのです。いかにも打算的に聞こえるでしょうが、地位や環境のいかんにかかわらず、お互いに持ちつ持たれつで生きていくという関係は、世渡りの根本の法則として厳格に存在するのです。これは、あらゆる原因には、それに相応する結果が論理的に生まれるということにほかなりません。

たとえば、上司を喜ばせようとするのは決してへつらいではありません。目上の人にていねいにするのは当然です。どんな集団の中でも、よくはたらいて上の人を喜ばせる者が早く昇進します。上の人が昇進させてくれるのです。あなたが、またあなたの仕事が気に入られれば入られるほど昇進は早いのです。

どんなに自信があるとしても、もし大きな組織の中で出世を望むなら、仕事ができるばかりでなく、そこの上司に好感を持ってもらわなければなりません。少し注意してまわりを眺めてみると、どこでもそういう原理がはたらいていることがわかるはずです。学校でも軍隊でも同じことを経験されるにちがいありません。政界でも同じことですし、動物の世界でも、高等動物から下等動物にいたるまでこの原則がはたらいています。

人に先んじて、常に他人のためになにかをするのはいいことです。そうすれば、どんなに多くのものが自分のところに集まってくるか、また、どんなに多くの人からうれしいお返しを受けるかわかりません。他人のためによいことをすれば、必ずなにかの形でよい報いがくるものです。

心から人をほめれば、必ずよい友人が得られるものです。誰だって、ほめられていやな気持ちのする人はないはずです。人からほめられるということは、心理学的にはその人の自我に満足を与えることです。ほめられた人はほめた人に対して、これまでよりもいっそう好意を持つことになります。

政治家として成功する人は、まず、他人のために尽くし、ひとをほめることによって友人を多くつくらなければならないことを教えられるのです。

たとえば、あなたが街角の新聞売り子と仲よくしていたとしましょう。それから年月が経ち、あなたが信号を無視して法廷に引きだされたとき、はからずもその新聞売り子だった彼が、判事となっているかもしれないのです。裁く人が自分に好意を持つ友人であると知ったとき、どんなに心強く感じるかわかりません。この考え方は人生のすべての面にあてはまります。しかも多くの人は、こういうことにまで思い及んでいないのです。

「お金のあるところ」へ向かう

このあいだ私が、アメリカでも大きい百貨店の販売主任のオフィスにいたとき、彼の部下のセールスガールがほかの都市の高給の仕事に世話してもらったお礼を言いにきていました。彼は言うのです。

「私のところへおおぜいの人が相談にきて、将来についての忠言を聞いてくれます。これは嬉しいことです。目の回る忙しさですが、いつでも時間をさいて従業員の将来のために親身になって世話をします」

この話を聞いて、また考えが浮かんできました。**お金がほしい人は、お金に縁のあるところへ行かなければならない**、ということです。砂漠の島に一人いたのでは生きるだけがやっとで、財産はつくれません。だから、もしお金がほしければ、お金を持っている人、どうすればお金ができるかを知っている人と交わらなければなりません。少し露骨な話に聞こえるかもしれませんが、お金の消費されるところへ行き、お金を使う権限を持つ人と個人的に親しくならなければなりません。

たとえば広告代理店のセールスマンならば、ある会社の広告をどうするかということに最終の決定を下す立場にある社長と近づきになれば、下っぱの社員や若い幹部などにこまごま説明をする時間や労力をはぶくことができて話は簡単です。セールスマンも同じことで、自分自身の真価を売ろうとするときはなおさらのこと、上役の人たちに接近することが大切だということです。

自分の「包装」は的確か？

さて、ここで話題を一転して、梱包や包装——目に訴えるということについてお話ししましょう。

梱包や包装の目的は、まず、人に暗示を与えることです。食料品、くだもの、野菜などは、商品に改善を加えなくても、人目を惹く美しい包装によって高く売れるようになります。食料品店をひととおり回って見て、目を惹く商品を仔細に眺めてみるとよくわかります。

包装の良否は、腕のいい一流の料理長とありふれたコックさんの違いのようなものです。腕のいい料理長は、目に訴えるコツを心得ていて、大皿や小皿に盛るお料理をいかにもうまそうに美しく並べて出します。へたくそなコックはそんなことにはおかまいなく、ただぞんざいに盛りつけるだけです。

かつて私の耕地の小作人であったイタリア人は、日本人と競争するとなかなか立ちいかないということを理由に、小作契約の地代の支払いを渋りました。日本人は本能的に、包装をよくすれば必ず売れるというコツを心得ていたのです。だから、セロリなどはていねいに洗い、新しい箱につめ、美しい紙に包み、気のきいた文句を書きそえて、セロリの質を賞揚してありました。イタリアの小作人は、だらしない男で商品を洗いもせず、中古の汚い箱につめて売り、そして商売がたきの日本人が市場を奪ってしまうとこぼしてばかりいました。

太平洋岸西北部の果樹園でもそうでした。三〇年ほど前にはナシやリンゴなど馬車にいっぱい積み上げたものが二〇ドルにも売れませんでした。ところが、気のきいた包装をして市場へ出す手間を上手に加えた人たちは、大きな財産をつくりあげたものです。

ここで、この包装の問題を、あなた自身のからだの問題として考えてみようではありませんか。自分は、他人の目に魅力を感じさせるような訴える力があるだろうか？　りっぱな服装をしているか？　色彩の効果を知っているか？　自分の姿や気分に合うような色を研究しているか？　平凡な多くの大衆の中で、自分の容姿は特に浮き出るような、りっぱな特長があるか？　もし、以上のような点で欠けるところがあるとすれば、人間としての包装を完全にするために心を配らなければならないわけです。**とかく世間は、まず容姿によって人を評価する**ものですから、その点を心してほしいものです。

たとえば自動車メーカーやハリウッドの美容師や有名なショーの演出家などは、目に訴える力というものについてよく研究していて、条件に応じて包装を巧みに行なう人たちです。相応しい包装をして、しかも中身が最高の品物であるよう心がければ、誰にも負ける心配のないりっぱな人になれるわけです。

もちろん、容姿と同じように、中身のあなたがりっぱでなければ、世間ですぐれた仕事を成しとげることはできません。この両方が完備すれば必勝の人となれるわけです。

「死の予告」と心の波動

数年前、私は市内の大きな消防署の署長と深く知り合うようになりました。恐れということをまったく知らないような中年の男でした。部下たちは、この署長は魔よけの術を知っているらしいと言っていました。あるとき彼の心の持ちようを知りたいと思って、ほんとうに魔よけの術を使うのかと聞くと、彼は笑って言いました。

「そういう術と言えますかな。とにかく私は運命論者なんでしょうか。私がここの署長をしているかぎり、ケガで死ぬことはないと信じています。危険なところへ行くと、私はいつも自分のまわりへ白い輪を書くんです。その輪の中へは、害になるものをいっさい立ち入らせないようにするためです。これは、私が子どものとき近くに住んでいた先住民のかたから習った秘術です。つまらない迷信でしょうけれども、その白い輪の中の霊光が、何度私を救ってくれたかわかりません」

彼は定年まで勤めて七〇歳を過ぎて、おだやかに生涯を終えました。

また、ベーブ・ルースは偉大な野球選手で、球を打つ前にまず、こんどはどこへ打つ、と「球の宣言」をそのつど行ないました。右翼へホームランを打つとか左翼へ打つとか、一つ一つ宣言して、球はそのとおりに飛んでいきました。どうしてそんなことができたか、本人のほかには誰にもわかりません。確かにこれは不思議なことでした。どんな凄腕投手を相手にしても、彼は望むところへ球を打ち込むことができました。こんなまねのできる選手は、将来もなかなか出そうもありません。

太平洋戦争では、有名な戦争特派員アーニー・パイルの「死の予告」のことが思いだされます。彼は、一度太平洋の戦場へ出たら生きては帰らないだろうと予言して、そのとおりになりました。一方で、激しい砲火にさらされてもケガ一つなく帰ってくるのだ、という予感や信念を持って出て行った軍人は、無傷で帰ってきたという話も伝えられています。

恐ろしい危険に出会った人で、先に述べた白い輪の霊光を信じている人は少なくありません。これは信念の魔術と言えるかもしれません。

心の波動は伝染する

人の心が起こす波動によってほかの人が影響を受けることは、私たちの想像の範囲内です。たとえば、私たちはたえず接触する人によって大なり小なり感化を受けます。夫と妻とは、長年いっしょに暮らしているうちにお互いに似てきて、相手のくせまで身につけるようになります。

赤ん坊は母親やほかの保護者の感情を取り入れておびえやすくなったり、あるいは母親の好ききらいが伝染して、そのときの情緒の傾向を一生涯持ちつづけます。愛玩動物、ことに犬などを飼う人いわく、動物は飼い主の情緒に感染して、ときに性格悪く、あるいは親しみぶかく快活に、またはけんか好きになると言うのです。端的に言えば、**もっとも接触する人の心の型をそのまま取り入れる**ということです。

また、気をつけなければならないのは、会社や家庭でも否定的、消極的な人は、そのまわりの空気を乱すということです。否定的な人はそのまわりの空気を害しますが、積極的な人格は明るくほがらかな空気をかもします。しかもこの二つがせりあうと、悪いほうが勝つことが多いのです。

ひどく神経質な人が責任ある地位につくと、接触するすべての人をいらいらさせます。こういうことは神経質なマネジャーのいるオフィスや商店でよく見受けられます。感情は会社全体に伝染するものです。結局、一つの集団はそれを率いる人の影の延長と言えるでしょう。

穏やかに仕事を運ぼうと思うならば、メンバーはみな、経営者の考え方に同調しなければならないわけです。しかし、組織内にひどく暗い人がいて、経営者の考えに同調しないとすると、その暗い否定的な波動をほかの人たちに及ぼして、大きな害を与えることになります。

箱の中に腐ったリンゴが一つあると、やがて中のリンゴをすべて腐らせてしまうのと似ています。それと同じように、一人の女が泣くと、その部屋にいるほかの女まで泣かせることになり、一人が笑うとほかの人も笑います。たった一人がアクビをすると、たちまちその一座にアクビが伝わったりします。私たちの感情の波動が、どんなふうに他の人たちに力を及ぼし、また私たちがいかに他人に左右されるかは思いのほかたくさんあるのです。

もしもあなたが明朗な人であるならば、暗い陰鬱な人とあまり長く接触をつづけないほうがいいでしょう。坊さんや牧師など他人の身の上相談などを業とする人で、人生の悲惨なことを訴える人たちの話ばかりを聞く人は、その犠牲となるものです。毎日、朝から晩まで苦しみや悲しみの強い波動に浸っていると、どんなに明朗な素質の人でも、ついには圧倒されて暗い陰性の人物になってしまうのです。

そういう心の波動が、どんな暗示力を持つものであるかは、よそのオフィスや家庭へ入っていくと、そこのさまざまな雰囲気ですぐ直感されます。ムードというものは、そこのオフィスで常に仕事をする人やその家庭に住んでいる人がつくるものです。なんとなく感じが悪いとか不快だとか、あるいはしっくりと気持ちがいいとか、それぞれその場のムードは即座に感じられるわけです。

病は自分の力で治る

私は、信心力で病気を治す人間ではありません。しかし、心の力を知る人は、感情の込もった思いがどんなに人間のからだを左右するか、また暗示というものが、いかに病気をひき起こしたり治したりできるかということをよく心得ています。

ある信仰療法では、病気などはないのだと否定することによって治療効果をあげていますが、このような療法がよく効くと証言する人たちが、ずいぶんたくさんいるのです。また、ほかの一派は、病気は実在しないとまでは言いませんが、健康で気持ちがよい、毎日さわやかになっていく、と積極的な暗示を繰り返すことで、結局病気を無視してしまって効果をあげているわけです。その両派のどちらがよく効くかの判断はそれら両派の人たちにまかせておくよりしようがありません。第三者の立場から、どちらがすぐれているかを決めるのはむずかしいことです。

しかし、いずれにしても、患者一人ひとりの信念の程度次第で、その治療法が成功か不成功かが決まるものだということを忘れてはなりません。病気やからだの故障を暗示によってどこまで治せるかは、精神療法の各流派や医学会などで大きな論争となっています。しかし、アメリカだけでも数万の人たちが、自分の病気は精神療法で治ったのだと確信しているこことは間違いない事実で、しかもその数は毎日毎日増えていきつつあります。

古くから言われていることですが、恐れや憎しみや憂いなどは肉体の病気の原因となり、ときには生命にかかわることが多いのです。もっとも、こんなことを認めない医者もいまだに何人かはいます。

しかし、数年前の『ライフ』誌の「心身医学」と題する記事によると、第二次大戦中、軍の病気の四〇%は心身療法で処置すべきものであったということです。この記事によると、枯草熱、ぜんそく、心臓病、高血圧、リウマチ、関節炎、糖尿病、感冒およびさまざまな皮膚病、たとえばイボ、じんましん、そのほかアレルギー性疾患などは、直接的に感情から、あるいは感情が病勢を昂進させるような肉体的故障に由来すると指摘しています。

この治療法は、病気を進行させる感情の動揺を引き起こした原因をつきとめて、それを除去することにあります。

精神治療家や精神分析医がいろいろ実験した結果によると、医療と精神療法の二つを含む全般的な問題は、驚くべき成績をあげている心理療法によって従来の療法に根本的な一大修正を加えることになるということです。

しかし、精神治療を研究している人たちのあいだで意見がぴったり一致しているのは、**病気を治す力は、治療者の処置よりもむしろ患者自らの心の持ち方にある**ということです。言い換えれば、治療者が簡単な精神治療法と特別な宗教的信仰のどちらを選択するかに問わず——すなわち治療処置がたとえなんであろうとも——患者の病気はそのことによって治るのではない、ということになるわけです。それよりもその処置が暗示となって、患者が自分で自分の潜在意識に自己暗示を送り込み、潜在意識の威力によって治療効果が現われるのです。

そう私が言うのに対しては、反対者が必ずあることと思います。ですが、患者が治療者から与えられる暗示を信用しなければ、効果は絶対に生じないことだけは誰が見ても事実です。だから治療効果を出すためには、治療者と患者とは催眠術における施術者と被術者のような、一種の信頼関係で結ばれることが必要なのです。

私の理論では、**暗示にたよることのできる人ならば誰であろうと、治療者の力を借りるまでもなく、自分だけの力で同じ結果を得られる**わけです。ただ、信念はしっかりしたものでなければならず、暗示は強力でなければなりません。そこで別の章で説いたように、カードや鏡を使って暗示力を強めると、大きな効果を期待できるわけです。

ライン博士の不思議な実験

最近あちこちの大学で行なわれている研究や実験、ことにその中でもデューク大学のＪ・Ｂ・ライン博士が指導する実験の結果などから、テレパシーや思想伝達などの精神現象は、新たに世間の興味を惹くようになりました。

アメリカやイギリスの深層心理学会では、一流学者によるテレパシーや透視などの研究が盛んで、その記録も詳細です。それにもかかわらず、まだテレパシーなどありえないことだ、とあざ笑う人もあとを断ちません。聖書を信じている多くの人が、その中に書いてあるたくさんの透視やテレパシーなどの実例をかえりみずに、そんな現象はありえないと公言するのは不思議というほかはありません。

世界一般がこの問題に対する疑いの念をぬぐいきれないとしても、世界で有数な科学者たちは、テレパシーが可能なことは言うまでもなく、さらにそれが理解さえされれば多くの人が利用できる有用な方法だ、と言っています。

また、この問題についての英米の深層心理学者の発表や、ライン博士の実験の結果などを基礎にして、多くの新しい考え方や実験などを記した本が出版されています。アプトン・シンクレアの『心のラジオ』もその中のおもしろいものの一つです。

デューク大学のライン博士の実験が公表されると、それは偶然そういう結果が現われたのだというような反対意見を表わした人もあり、なかには、多くの金と時間をかけてテレパシーなど存在しないと力説したものも少なくありませんでした。しかし、デューク大学はもちろん諸大学ではそんな反対をかえりみず、どんどん実験をつづけました。

一九四六年八月、アメリカの週刊誌に載ったJ・B・ライン博士の「人間が精神を持つことの科学的証明」と題する論文を知っている人は少なくないでしょうが、もう一度ここに原文のまま再録することにしました。


「人間の精神をいまの科学はどう見るのか?

この質問への回答は、当然心理学の範囲である。というのは、心理学は精神の科学だからである。だが、われわれは、人間の精神を探求したりそれに理論づけたりすることは、事実上、心理学の文献からはきれいさっぱりとはぶかれていることに驚きを禁じえないのである。

精神というものは、人間の頭脳から独立して別に存在するものであるなどというと、多くの心理学者たちは嘲笑するにちがいない。現在の学説に従うと、すべてのものは物理的に説明されなければ真実ではないのだ。精神は霊的な、非物質的なものであるにちがいないと思われるが、現在の多くの学説では、そのようなものは絶対にありえないとしている。したがって、以上のような考え——頭脳から独立して精神が存在するというような考え——は、迷信のようなものだとして受け入れられないわけである。

物理学の法則は、われわれが『心的』と呼んでいるものまでも説明することができる、と思われている。物理学は、そういう意気ごみを持って、今日まで進んできた。そして将来もその方向をたどるものと思われているのである。

ところが、人間というものを物質的にのみ解釈すると、根本的にまったく説明のつかないいくつかの現象が、ときどき起こるのだ。

たとえば、友人や親類などが死ぬ直前に恐ろしい夢を見て目をさましたという経験を持っている人がよくいる。そして、この衝撃的な心の映像はそのまま事実であったということが、あとになって判明することがある。しかも時刻もほとんど間違いなく一致している。なお、その死んだのは一〇〇〇マイルも離れたところに居住していた人なのである。

また、いくつかの事例が示すように、夢を見た数時間後あるいは数日後に、その夢のとおりの事件が起こるということもあって、この事象はわれわれがもっとも不思議に感じる点である。しかも、相当に微細な点にまでわたって、その事件が起こる前に心の映像に現われたり、あるいは予感を受けたりするのである。

もちろん、このようなできごとは単なる偶然の一致であろうと考えるのがふつうである。そんな安易な考え方からさらに一歩進んで、それ以上はっきりした説明を求めようとする人はあまりないようである。

しかし、幸いに少数の人たちは、その真理を追求して明らかにしようと努めている。そして、そういう現象をあまた取りあげて研究を進めていくと、これは偶然の一致だという表面的な観察だけで片づけられなくなってしまうのである。これを科学的に研究する方法としては、いうまでもなく、こういう事象の背後になにがひそんでいるかということを発見する仕事からまず取りかかることである。

多くの人たちが、このようないわゆる『霊的』な体験をするのは、精神というものが空間や時間を超越して作用することを証拠だてるものであると見れば、それは明らかに物理学的な法則では説明しつくされない問題となる。もはや精神は物理的系統に属するものではなく、むしろ霊的なものであるということになる。そこに精神というものの手がかりがつかめるわけである。もちろん、手がかりというだけで、それ以上のなにものでもない。しかしこれで、信用することのできる確証をつかむうえに必要な第一手段の手がかりを得たことにはなる。

ＥＳＰテストは、以上のようないわゆる『霊的』体験を対象として行なわれた。ＥＳＰとは、エクストラ・センソリー・パーセプション（五感を超えての感知）の略語で、テレパシーや透視などもこのうちに含まれている。換言すると、テレパシーや透視は、目や耳などわれわれが現在持っている感覚器官の力を借りずに、事象を感知することである。

テレパシーを試験する方法は、まず試験される人が、隣室にいる誰かが心で思っているトランプの札や数字、あるいはそれ以外のなにかの記号を言い当てられるかどうかを試験するというものである。それに対して、透視の試験は、対象は物体そのもの、すなわちカードそのものである。どのカードを人が思っているかというような、人を通した間接的なものではない。物それ自体を被実験者が認知していい当てるわけである。一言にしていえば、テレパシーは、他の人の心の状態のＥＳＰ、透視は、物体のＥＳＰである。

デューク大学では、一九三四年に心理学者たちが集まって、テレパシーと透視の二つの事項についてＥＳＰ実験に着手した。この仕事は、イギリス王立協会員の大心理学者W・マクドゥーガル博士によって始められた。同博士は当時デューク大学の心理学部長であった。この深層心理研究の仕事は、のちにパラサイコロジー（超心理学）実験室と呼ばれた研究室で行なわれたが、この種の実験としてはじめてのものではなかった。実験はそれまでにも各地の各大学でも相当に行なわれていて、すでに五十数年前からつづけられている。しかし、デューク大学のように数年間にも及んで、系統的かつ連続的にこのテーマに取り組んでいるような実験はかつてなかった。いわゆる『霊的』な問題について、積極的にまた永続的に安心して研究のできる場所ができたのは、この大学がはじめてであった。

深層心理研究の実験では、テレパシーと透視からなる二つのESPのいずれも否定できないという結論を下すに足る新しい実証をつかんだ。研究者たちは新しい実験方法を創案して、その基準に従って、たやすく実験を繰り返し行なえるようにした。

そのためESP実験は、アメリカ国民はもちろん諸外国にある多くの研究所でも広く行なわれるようになった。少しでも感覚的な暗示が入り込んだり、あるいはそのほかの誤りがまじり込んで実験の成績にひびくようなことのないように、細かい注意をもって工夫された。そして実験の成績は、古くから承認されている正規の統計方式を用いているから、実験の結果は正しく評価確証することができるものであった。

すなわち、実験の結果についての採点方法は、偶然の一致や実験上のいかなる欠陥にも左右されないように綿密に行なわれている。この点は明らかに立証しうるところで、いささかの疑いもさしはさむ余地はない。

ＥＳＰが実際に存在することがはっきりと実証されて、実験が満足な結果をおさめることができたので、研究者たちはさっそく次のもっとも重要な問題の研究に取りかかった。それはＥＳＰの性能が物理界とどんな関係にあるかを検討することである。テレパシーや透視がはっきりと物理学的法則に従うものであるかという点、あるいは、これまで世間に語り伝えられてきた、いわゆる『霊的』な体験は、物理学の法則では割り切れないものかどうかという疑問を明らかにしようとしたのだ。

都合のよいことには、ＥＳＰと空間の関係について実験することは簡単であった。たとえば、カードの置いてある場所から、これをいい当てる人を遠いところへ引き離しておいて、はたして言い当てることができるかどうかの実験を行なってみる。さらに、距離を短くして実験した結果とを比較対照すればよくわかるわけである。ところが、テレパシーと透視の二つとも、長距離で実験した結果と短距離で行なった結果とはまったく同様の好成績をあげている。近いところでも、やや離れたところでも、あるいは数百マイル離れたところでも、実験の証明するかぎり、ＥＳＰの作用にはまったく相違はなかった。そのことに関しては、角度も障壁も、その他の物理的条件も、ESPの実験の成績のうえには、ひとしくなんらの影響力を持つものではなかった。

それならば、時間の関係についてはどうであろうか？　もし空間がESPになんら影響を与えないとすれば、同様に時間も影響しないであろうと私たちは推論した。未来に関するESPの実験、すなわち予見（予言と呼ばれているもの）は、正規のESP実験にもとづいて容易に引き出すことができる。遠方から超感覚的にカードをみごとにいい当てる人びとを被実験者として選び、一組のカードを切って、その順序ははたしてどんなふうになるであろうかということを予言させるのである。

まず予言させたうえで、機械によって切った一組のカードを調べてみると、その順序は予言のとおりに適中していた。まず最初にカードを切って、そのうえで一組のカードの順序がどうなっているかを言い当てるのと、少しも変わりはなかった。一〇日後に切られる一組のカードの順序も、二日後のそれも、いずれも変わりなく予言はみごとに適中することができた。カードの順序を予言して、それから何時間、何日経ってからカードを切るというふうに時のへだたりにどんな長短があっても、カードをあらかじめ切ってその場で言い当てるのとまったく同じ結果だった。それは、はじめの実験において、距離の遠近がなんらの差別を示さなかったのと同じことであった。

こういう実験を行なった結果から考えてみると、ただ一つの解釈しか成り立たない。すなわち人間の心は、こういう『超感覚的の認知力』ともいうべき能力については、物理的世界に存在する空間や時間の限界をとにかく超越するという事実である。この実験は、ほかの研究所にある別の男女研究員たちの実験によって確認された。

このように人間の心は、明らかにわれわれの知る物理学の範囲に属さない特性を持っていることが、動かしえない事実として認められた。空間と時間は確かな物理的なものの現われである以上、心は物理の範囲を越えたもので、本質的に霊的なものでなければならない。そして、われわれ人間の『魂』と呼ぶものの意味を考えると、それは心が非物質的、もしくは霊的な本質を持っているということにほかならない。このESP実験は魂の実在を立証したようである。

この事実を一部の人びとから見れば、魂の問題を解明するごく小さな第一歩をわずかに踏みだしかけたにすぎないと考えられるであろう。確かにわれわれは、この所見の影響を誇大に考えるべきではない。事実、われわれは魂に関する理論のほんの一部を証明したにすぎない。もちろん、これらの研究で証明されたもの以上に、魂の宗教的観念にはまだ多くのことが存在し、多くの大問題が残されている。

魂は肉体から離れて存在しうるか？　肉体の死後も存続しうるものか？　もし実際

に存続するとして、肉体を失った魂は、生きている人びとと交渉を持つことができるのか？　あるいはなんらかの力を及ぼしうるものか？　宇宙の魂ないしは神などという問題をどう考えるか？　魂と魂のあいだにやりとりはあるのか？　特に人間の魂と神の魂とが交信することができるのか？

こうしたことや、宗教が説くその他多くの根本的な重要問題について、本論文では、まだまったく触れていないわけである。ただ、ここで下せる結論は、知識階級のあいだにますます広がりつつある人間を物理的にのみ見る考え方は、いまやまったく根拠を失ったということである。

結論のすべては、それだけである。そこには、どれほどかはまだわからないにしても、物理の範囲を越えるものが人間に確かに存在しているわけである。

人間の生命には、時間と空間の法則に支配されない一連の実体が存在することになる。

そして近い将来には、この問題をはっきりと究明することができる可能性が、大いにあるものと予見できると考える。そう認めることは、きわめて重要な将来性を持つことを意味すると思う。

人の魂についての理論は、将来の宗教の問題について、さらに多くのものを築きあげる素地を提供するものだと思う。人間に関する精神科学がはじめて築き上げた大切な礎石を、われわれはここに確認したわけである。

科学研究をこのような方法でつづけて、人間の人格や本質、運命などについてできるだけ多くの事実をつきとめることが、残された大きな仕事である。簡単に言えば、宗教の範囲内で扱われている幾多の大問題を取り上げて、右に述べたのと同じ方法で研究を進めていく仕事が残されているのである。

宗教のことに深く立ち入って実験することについては、正統派の宗教指導者たちから強い反抗を受けた時代があった。いまなお、純粋な信仰の領域内へ、科学が研究の手をのばすことをきわめてきらう保守性向の宗教家も少なくない。しかし、深い宗教心を持つ現代の男女には、人間の心に関する問題について、もっと具体的な知識を得たいと渇望している人も少なくない。しかも、われわれが現在持っている知識程度のはるか彼方に横たわる可能性のことについて、もっと具体的に知りたがっている。

驚くべきことには、われわれの研究に対してもっとも大きい反対の声をあげたのは、正統派の科学者たちであった。科学界の保守陣営は、自然界が二つに割れることをことさら恐れている。

精神と肉体といった二元的な形に分かれることを嫌悪している――そういう二元性

を示唆するような実証ならば、どんな研究にもいっさい目を向けようとしない。しかし、そういう憂慮の根本には、なんら根拠はない。なぜならば、われわれがいま確認しようとしているように、たとえ人間が魂と肉体の根本的に異なる二つのものを持つとしても、その二つは、なおもある意味で融合しているからである。

その二つは、お互いに作用しあっている。したがって、この二つのもののあいだには、なにか共通したものがあるはずである。もし二つのものがあらゆる点において相違しているとすれば、二つは相互に影響しえないはずである。

つまり、そこには隠れた実在の世界、すなわちわれわれの知る物理的および精神的のいずれでもないものがおそらくは実在していて、そのへんから精神と肉体あるいは霊と物理の現象が、根源的に発生するのでなければならないと考えられるのである。

精神や物質を越えて存在しているこの彼岸の領域は、まったく未知の世界として横たわっていて、あたかもコロンブスが見たアメリカ大陸のごとく、沈黙の姿をして、将来の幸運な探検家を待ち望んでいるのである。しかも、現在の知識と信仰を根拠としてつくられている航路図の権威に疑いを持って、それを実験的にテストしようとくわだてる人たちは、偉大な勇気を持ってかかることを必要づけられている」

科学者はテレパシーを支持する

私はいくたびか心霊研究会にも出席しましたが、出席者の中にこういう問題を信じない人、すなわち、このような会合で行なわれる現象を嘲笑する人がいて、その人の思考の波動が敵対的な空気をかもし出すようなことがあれば、そのために実験を中止しなければならないことがありました。物質主義者である懐疑派の人たちはこんな話を聞くと笑うでしょうが、実際、大きな会合で、出席者の中にたった一人のじゃまものがいたためにその会合がめちゃめちゃになって、主催者の努力がむだになった例を私は見ています。

思考力についての理論を知っている人ならば、こんな実験に同意的でない人が発する波動が、なぜ全体の仕事を妨害するかということはよくわかるはずです。この点については、ライン博士の実験でも立証されています。被実験者の目の前の傍観者が被実験者の注意をほかへそらしてその成績を低下させようと試みると、成績は必ず期待以下に落ちます。それに反して、同じ被実験者が単独のときか、あるいは公正または同情的な傍観者が臨席しているときは、その採点数は相当に高くなるのです。

ついでに述べておきたいのは、エジソン、スタインメッツ、テスラ、マルコーニなどをはじめ、多くの電気科学者はテレパシーの熱心な支持者でした。A・カレル博士はテレパシーを信じ、こんな研究には生理学と同じように科学者が当たるべきだという持論でした。

また、自己流の研究を進める人もますます多くなり、その中には一部の人たちからインチキくさいと白い眼で見られている人たちもいます。しかし私から見れば、この種の研究を軽視する人たちは彼ら自らの立場も公正ではなく、またこの現象に興味を持つ人びとに対しても、彼らは公正な態度ではないと考えられます。この種の研究を進めていけば、私たちが今日まで夢想もしなかった偉大な発見に到達できるかもしれないのです。

テレパシーを使ってみる

馬や犬の愛好家、ことに長く養育してきた人たちは、動物と飼育者のあいだにはテレパシーは実存すると強調します。

かつてある会社の重役が私に話してくれたことですが、よくある長っちりの客には、心のうちで客に向かって「もう帰ってもいいときだよ。帰れ、帰れ」というと、客はまもなく尻をもじもじさせて、時計を見ながら椅子を立ち帽子をとって、やがて帰っていくというのです。

家庭でも、客があまり長居するときは、同じことが行なえます。帰ってもらいたいと思うときは、自分の心の中で

「もうお帰りなさい。もうお帰り、お帰り」

と言うと客は部屋を見回して、時計を捜してこう言うのです。

「もう、おいとましなければなりません」

疑いぶかい人たちは、そんなことを聞いても、それとテレパシーとはなんの関係もない、というでしょう。主人の顔の表情や態度、疲れていらいらする様子などが、客にもう退席しなければならない、と思わせるのだというでしょう。

しかし、もしそんな疑念があれば、心のうちで早く帰ってもらいたいと思っていることを相手に悟られないように、言葉や顔の表情などによく注意して実験してごらんなさい。すぐわかります。客がなにか特に主人の了解を得たいと思っているときとか、あるいはなにか議論に勝ちたいと一生懸命になっているときは、その効果が現われにくいのですが、会話がとぎれるようなときをねらって試みると、思いのほか効果があるものです。

数年前、私は大きなビルの二階にオフィスを持っていました。その後、関係していた会社とともに私も一〇階へ引っ越しました。エレベータに乗ると私は「一〇階へ!」と運転手に言います。そして、以前自分がいた二階のことや、二階で私と関係のあるさまざまの会社のことを考えてみます。すると、私の顔を知らないし、私が以前二階にいたことなど知るはずのない新顔の運転手が、エレベータを二階で止めて私のほうを振り返るといったことがしばしばありました。

太平洋岸に住むある有名な牧師で、心理現象の熱心な研究家がいます。この人が私にこんな話をしました。

「教会に花がほしいときは、そういう思いを教会員の誰かに簡単に送り出すんだ。すると、きっと花を持ってきてくれる。また、教会の『記念の窓』にもう一つ窓がほしいと思って心のうちにその像を描くと、誰かが必ずつくってくれた」

R・C・アンドリュー氏は、ラジオ番組のことで珍しい偶然の一致が起こった話をしました。あるアメリカの作曲家が新作を発表したところが、その後、全符曲のまったく同じものが、その少し前にドイツで別に作曲され発表されたというのです。はじめから終わりまでまったく同じものが作曲されたというのは、遠く離れたところにいる人たちが同時に同じことを思っていたという多くの話の中でも特に異例です。

また、アメリカの西海岸に住む私は、かつて東海岸の出版業者に原稿を送ったら、それと同じ材料を盛った文章を東海岸の別の人からもその寸前に受けとったという通知を受けたことがあります。

A・G・ベルが電話を発明したとき、E・グレイも同じものを発案したと主張したのも有名な話です。文学者、発明家、科学者、技師、作曲家などのあいだでは、それぞれ同じ着想や発見が行なわれたという話は、しばしば聞くことなのです。

第8章

思いは実現する

動物の持つテレパシーの力

数年前、ある大衆誌に、シカゴ市で科学者たちが蛾を使った実験をした記事が出ていました。ある珍しい蛾のメスを一室に閉じ込め、同じ種類のオスの蛾を四マイルほど離れたところで放ちます。何時間か経つと、そのオスはメスの閉じ込められている部屋の窓で羽をばたばたさせていたそうです。その雑誌記者は、生物の思いというものは遠いところへまでも飛んでいくにちがいない、メスの蛾は自分のいどころを壁などの障害を越えて、この一匹のオスに向かって交信したとしか考えられないというのです。

また、鳥はテレパシーや透視力を持っていると思われます。次のような簡単な実験もその一つの例証として驚くべき結果を出しています。アメリカで鳥がほとんどいない季節に、家の裏庭へパンくずをまいてみます。目の届くかぎりには一羽の鳥もいませんでした。しかも私たちが家へ入るか入らないうちに、もう鳥はあちこちから集まってきています。はじめはスズメ、ミソサザイ、コマドリ――そして二、三分もすると、裏庭いっぱいに鳥がいるのです。ほかの食料なら、何を庭に出しておいても一羽の鳥もこないのです。なにが鳥を裏庭へ惹きつけるのでしょうか？　パンも食べものであるということがどうして鳥にわかるのでしょうか？　現在の科学では、これについてはっきりした答えは出ていません。

数年前、昆虫学者のE・C・ヒルは、科学者の蝶の研究が進めば、鳥も昆虫もそれぞれ特殊な無線電波か、または特別な交信方法を持つという結論にならざるをえないと言いました。そういう話は自然研究家たちが古くから言ってきていることで、多くの本で扱われています。W・J・ロング氏の『動物はどのように話をするのか？』などの著書は有名です。第二次大戦でアメリカの陸軍信号部隊が伝書鳩と短波ラジオの実験をした報告によると、鳩はラジオの短波にまどわされ、方向を失って、いくたびも輪を描いて飛んだすえ、行方不明になりました。

カリフォルニア州のある土地のツバメは、必ず十月二十三日にどこかへ飛び去り、三月十九日には必ず帰ってきます。また、符号をつけてコロンビア河のいろいろの地点から放した鮭は、太平洋で四年を過ごしてのち、必ず放たれたところへ帰ってきます。犬や猫は飼い主の家から数マイル離れたところへ連れていかれても、たいていは帰ってきます。カモやガンももとの住処へ帰ってきます。そのほか、ここに挙げられないほど多くの不思議が自然界にはあります。魚や鳥や動物、すなわち私たちの知るすべての生物に、千里眼の力がはたらいているのではないでしょうか？　あらゆる生物はお互いに交信する能力を持っている、という人も少なくありません。エール大学で行なわれた透視やテレパシーの実験からみると、それも考えられないことではありません。

一九四五年のはじめ、第二次大戦で視力を失った人たちが「顔面の視力」という概念をラジオで話しました。彼らは、精神のレーダーを使って行く手をはばむ障害を第六感で感知すると言うのです。戦傷の盲人たちに第六感の使い方を教えるボストン市の心理学者J・レヴァイン博士は、その第六感がどんなものかは詳しくはわからないながらも、活用できることは確かだと言っています。この「顔面の視力」は、人のからだがいまのところ明らかになっていない何種類かの光線を出して、それが前方の物体につき当たり、そのまわりに集まって映像をつくる、というのです。そしてその映像をそのままに盲人のもとへ持ち帰り、光線の刺激が皮膚に伝わって「見る」ことができるのだ、という仮説を立てています。

テレパシーや思想伝導などは、知られている以上に私たちの日常生活に使われているのです。そういうことを信じた多くの大指導者、説教家、雄弁家、商社の役員、セールスマンなどが、そう自覚していたといないとにかかわらず、その力を利用したと私は思っています。

私たちは誰か見知らぬ人に会うと、まだ一言も発しないうちにその人の好ききらいを感じます。そんな印象を得るのは思いの交信ではないでしょうか？　精神治療や、遠いところから他人に力を及ぼせるということは、そう考えるほかに説明のしようがありません。そういうことについて人類は、最近になってようやく科学的に説明ができるようになりつつあるのです。

精神の力で顧客を動かす

私の知るある有名な弁護士は、手紙を書くときに室内をあちこちと歩き回る癖があります。私も関係していたある事件のことでその人の事務所を訪ねるときは、いつも椅子に座ってじっくり彼の挙動を観察したのでした。彼の集中力は異常なもので、手紙をタイピストに口述するときはいつも立ち上がります。あるとき私が、あなたはなぜ立ち上がって口述するのか、そしてその手紙はなぜ必ず相手を説得できるのか、と聞くと、彼はこう答えました。

「第一に、私は立ったほうがよくものを考えられます。口述する前も口述中も、私は必ず手紙の相手の姿を目の前に映像として描いています。もし見たこともない相手だったら、たぶんこんな顔をしているだろうと思う顔を想像して、その姿を目の前に浮かべてにらみます。いずれの場合も、あたかも相手が実際に私の目の前に立っているようなつもりになって、その相手に向かって自分の考えを言うように、努めて精神を集中させるのです。私の考え方は正しいのだからあなたはそれに従わなければならないのだ、ということを、精神を込めてその人に告げるわけです」

あるとき、本の外商で大成功している一人の婦人が、私にこんな話をしました。

「ある裕福な顧客が本を一冊買いたいと思っています。ところが、二つの本を手に、どっちにしようかと迷っているのです。そこで彼女は、顧客のことを心に思いながら、その人に適したほうの本のタイトルを心のうちでなんべんも繰り返します。このように人の思考を誘うように努めると、見違えるほど販売成績が上がるのです」

また、ある自動車販売会社の役員も、こんなことを言いました。

「財力が十分にある見込客には、いつも心の中で『あなたはこの車をきっと買います。きっと買います』と繰り返します。そうすると、その見込客は必ず買うものです」

ものを買うとき、または仕事を始めようとするとき、もし他人がひそかに心の中で思っているとに動かされたのだと気づくと、誰しもよい気持ちはしないでしょう。しかし、実際、私たちは**お互いの微妙な影響のもとに社会生活をしている**のです。このような力のことをテレパシーというかなんというかは別問題として、いずれにしても世の中にはそういう見えない力が常に存在しているのですから、この力を利用してみると、それがどんなに強く有効なものであるかたちどころにわかることでしょう。

部下も夫婦も動かす力

数年前、私はこういう神秘的な力を利用したおもしろい実例にぶつかったことがあります。私の関係している会社の社長は、営業部長のことがどうしても気に入りませんでした。しかし、長く会社に勤めてきた男ですから、にべもなく解雇するわけにはいかなかったのです。ある日、社長は私に向かって言いました。

「あの営業部長のことで、私はすっかり処置に困りはてていました。ところがなにかの拍子に、ふと、彼が自ら辞職を願いでて、責任者の地位を退いて新天地でいちセールスマンになるようなことになればいいがなあと思いました。それからは、私は、彼が辞職を願いでるように、自分の心の中でひそかに暗示を与えてやろうと考え、夜どおしそのことを考えつづけました。するとどうでしょう。次の日、朝一番に彼が私の部屋にやってきたのです。『営業部長を辞任したい。そして、もっと分のいいセールスマンになって街へ出たい』と言ったときには、私は椅子からころげ落ちんばかりに驚きました。私がそんな魔術を使ったという証拠もないし、べつに責任もやましいこともありません。いま、この男には営業部長時代の倍も収入があり、前よりもずっと楽しく暮らしていますし、私たちの会社では、みんなが一致協力してますます繁盛しています」

これと関連して、ある夫婦の話があります。あるとき、この夫婦がそろって私のところへやってきて、夫はこう言ったのです。彼は数ヵ月前までアメリカの中西部で衣類の大製造工場を持っていましたが、それを他人に譲って、いまでは国内旅行を唯一の楽しみにして暮らしているのです。昔のメモを取りだしその記録にもとづいて、次のような話をきかせてくれました。

「三〇年あまり前のことでした。私は世界でいちばん古くて大きいある秘密組織の一員になっていました。そこでは徹底的に堅い信仰を持つように強いられましたが、どうしても心からそれに従うことができませんでしたし、その信条にある、いわゆる真理をどうしても認めることができませんでした。ところが、何年か前のことでしたが、精神統一の講習会に出席してはじめて、人間というものは一度やろうと決意すれば、驚くべきことをなしとげる偉大な力を身につけることができるのだと、はっきりわかりました。これは私の商売にも使えるし、もし使ったら大変な利益につながるものだということもわかりました。それからというもの、それを利用するたびに私の会社はみるみる繁盛して、その後も発展をつづけました。そして不景気のあいだ、私と同じような規模の会社はどこも大変な苦労をしていましたが、私の会社は相変わらず堅調で、会社を人に譲り渡したときは、どう控えめに見ても、全国一のものでした」

ここで彼の妻が話に割り込みました。

「これは夫が信仰を始める前の話ですが、その信仰の講習会から私が帰ってきて覚えてきたことを夫に話しますと、あざけり笑うわけでもないのですが、そんなことは時間の浪費だと言ってきかないのです。私は、その信仰には確かになにかがあり、もし夫がそれをつかんでくれればきっと事業にもよい影響があるにちがいないと信じて、夫にも入るようにすすめていました。ところが、ある日のこと、ふと、これまでの私のやり方は間違っていたということに気づきました。それでここぞとばかりに私は一生懸命仕事にかかりました。娘も私も一日のうち何回となく心の中で繰り返しました——パパは行くよ——と。三週間ばかり後、夫はとうとうその講習会に行こうと言ったのです」

ここで夫は話を引き受けてこう言いました。

「あなたのあの魔術のお話ですが、妻は確かにその威力を私に与えました。はじめ講習会の話を聞いたときは、そんなばかなことはないと思いました。私は現実主義の実業界に育ってきたものですから、そんな現実離れしたことには耳を貸す気にもなれませんでした。ところが、ある日、妻といっしょに行け、とうながす声がするような気がしたのです。そのときは、それがまさか妻と娘が心の中でひそかに私に暗示を与えているのだとは思いもよりませんでした。それこそ、私の人生に起こったいちばん大きなできごとでした。その第一回の講義のあとで、さっそく商売に応用してみますと、私の事業はみるみる成長し、いよいよ私が事業から手を引くというときも繁盛をつづけている最中でした。

しかし、間違えないでください。私はふつうの意味の宗教信者ではありません。私が言うのは宗教の信仰ではなくて、確かな科学の信仰なのです。私たちが心の中で考えて念じつづけると、それが現実となって現われるのです。すべての人にとって必要なのは、因果律を研究してそれを理解することで、それだけですべては明白となるのです。思想は見えない威力を持つものだと考えられていますが、それはまさにそのとおりなのです。この問題について話のわかる人はそう多くはありません。たいていの人はこの問題を知りませんし、またそのことについてなにか言うと、きっと目をそむけるのです。しかし今後、あまり長い年月をかけないでこれは世間の常識となるにちがいありません。いまや、思考の力をいろいろなことに利用するということを多くの人が知っています。そしてこんなふうにこの問題に理解を持つ人たちはますます激増しているのです。実業界ではなぜもっと多くの人がそれを手に入れ、事業のために応用しようとしないのでしょうか？　しかし、多くの人たちはかつての私がそうであったと同じように、いつまでも心を閉じていて、妻が私にはたらきかけてくれたようにめんどうを見てくれる助け人がいないわけです。私たちはまず思考の力の実在を信じさえすればいいのです。そしてその技術を誠実に使いさえすればいいのです。あなたの言われるとおり、潜在意識の力を引き出すことに心を注ぎますと、たちまちなにかの魔術によって目の前が開けたようになります。そんなにうまくいくかって？　もちろんですとも！」

思考と偶然

まっ暗い部屋に入ったとき、声は聞こえないのにそこに誰かいるような気配を感じることがよくあります。それは、目に見えない誰かが波動を出しているからでしょう。これは念波というものが放射されていることを立証するものと考えられないでしょうか。

一方で、もし暗い部屋にいる人が、誰かがその部屋に入ってきたときに自分が発見されるのではないかというようなことを少しも心配しなかったら、入ったきた人はその部屋に人がいるなどということは感じないにちがいないと考えられています。

また、ある人のことを思っているとその人から便りがあったり、その人と出会ったりすることがあります。こういう体験を持つ人は相当に多いはずです。しかしこんな経験を持っていながら、たいていの人はいつのまにか忘れてしまって、そんなことはまったく気にかけないで暮らしています。こういう体験は、ふつうは偶然の一致だと考えられるのです。ですが、思考の力と説明されたほうが、いっそうしっくりと納得できるのではないでしょうか。

公明な心を持ち、読書する意欲があり、しかも自ら挑戦をいとわない人なら遅かれ早かれ、念力で物体を動かすことやテレパシーなどは現実に行なわれるものであるという結論に到達するにちがいありません。それらの力はすべての人に一様に潜在していて、その発達の程度がまちまちであるだけのことです。

テレパシーは実証できる

「心理現象の法則」を書いたハドソンの報告によると、テレパシーが実在することを実証した実験は多いのですが、その中でトランプのカードを使う方法があります。

まず数人の中から一人を選んで目かくしをします。そのうえで誰か一人がカードの一枚を選んでそれを頭に描きます。目かくしをした人以外の人たちはその札に注意を集中します。目かくしをされた人はだんだん自分の心に浮かんでくるカードを言って適中させるのです。こういった実験で、テレパシーというものは証明されるわけです。

三人で行なう簡単な実験を紹介しましょう。不用になった雑誌の中から五つの色の違う紙を切りとって、それを幅半インチ、長さ三インチぐらいの短冊形の小さい紙きれに切ります。紙の色は鮮紅色とか蛍光色の青など、できるだけ鮮明な色を選び、五枚ともどう見ても混同されないような色にしましょう。

ひとりの人（A）がその五枚の色紙きれを扇形に広げて持ちます。ゲームでトランプが配られたときのように持つわけです。

あとの二人のうちの一人（B）が、残りの第三の人（C）に気づかれないように、Aの持っている色紙のきれの一枚に手を触れます。そこで紙きれを手に持つAは、選ばれた色紙のきれへ心を集中するのです。つまり第二の人（B）がどの紙きれに触ったかを第三の人（C）の心に通じるように、選ばれた紙きれへ心を集中するのです。

当てようとする第三の人（C）がよく心得ていなければならないのは、なんのこだわりを持たず心は空にして、なにか違うことをぼんやりと思い、あまりこの実験に気持ちを向けすぎていてはいけないということです。思案をめぐらし、どの色の紙きれが選ばれたのだろうかと特に意識的に考えようとはせずに、はじめに心に浮かんだ心象をすなおに言うことです。そうすれば第三の人（C）は、第二の人（B）が選んだ紙きれを驚くほど正確に言い当てるものです。

少し練習すれば、非常によく当たります。ことに夫と妻というような組み合わせで、まず夫が紙きれを持ち、第二の人がそのうちの一枚を選び、目かくしをした妻が第三の人として、それを言い当てるようなときには、成功率は相当高いものとなります。私は、この実験が二〇回、三〇回と、一回の間違いもなくつづけられたのを見たことがあります。このときも信念がものを言うわけです。紙きれを持つ人は、ゆるがぬ集中力を持ち、色紙の映像を第三の人の心へ伝達できるという強い確信を持つことが大切です。

ここで注意したいのは、この種の心理実験はどんなときも、不信を持ったり、はじめからひやかし半分に見物している人が一座の中にいると、その実験はぱっとしない結果のまま終わります。そんなときは、むしろはじめから行なわないほうがいいのです。なぜならば、そういう否定的な考えを抱いている人の思いは、実験者の思いが自由に流れるのを混乱させたり、妨げたりすることになるからです。ことに強い疑いを抱く人がいるときは、なおさらです。常に忘れてならないことは、信念というものはその向け方いかんで創造的にも破壊的にもはたらくということです。

デューク大学で行なった念力の実験では、不信がどのくらいまで実験成績を低下させるかという点についての測定もできています。またハーバード大学の心理病院のG・R・シュマイドラー博士が行なった実験でも、精神感応などはたわ言に過ぎないと主張する人がその席にいると、実験成績はいつも非常に悪いという結果になりました。

こんな例からみても、信念は魔術的な力であるということが明らかに示されているわけです。どんな場合でも、できることだと信じればできるのです。その反対に、できないことだと信じてしまえばできないのです。

フランスの天文学者で偉大な科学者であったC・フラマリオンは、早くから思いの伝達を主張してきた人でした。彼は、人間や動物ばかりでなく、すべてのものには――植物、鉱物、または空間にも――思いがあり、原子にもそれが満ちわたり、かつ独自の輝きを持っていると説きました。その説は、のちにイギリスの宇宙物理学者エディントンやジーンズなども支持したのでした。

一九四七年にP・タマス博士は、引退後はその全生涯をテレパシーの研究に捧げると公言しました。

「気が違ったと思うかもしれないが、二年たって引退したのちは、私の持つ時間の全部をこの分野の研究に捧げるつもりだ。テレパシーがどうして実現するのか、私たちはまだ科学的には知ることができない。『人の心を読む』ことの成功も説明することはできないのだ」

この発表を報じたポートランドの『オレゴニアン』紙は、次の社説をかかげました。

「P・タマス博士は、長くウェスチングハウスの研究技師であった有名な科学者である。いまや彼は、人知の最後の暗黒大陸と見られる人間の心という領域の探検に乗り出そうというのである。この大陸では、アフリカで発見されたよりもはるかに大きい驚異と神秘が隠されているであろう。

この問題について心の底に懐疑的な考えを持つ人たちも、エレクトロニクスの世界的権威タマス博士がそういう確信を持っていることを知ってもらいたい。旧来のいわゆる正統派の科学者は、これらの現象に向かって、もっぱら魔法とか妖術などという烙印をおして、これまでは排斥しつづけてきた。いまはその愚かさを悔いなければならない。

たとえ苦難の道が前途に横たわっていようとも、精神現象と考えられるものに対して公明かつ合理的な態度を持ってのぞむことこそ、真の科学的研究といえるのである。

もし、その結果として、争えない確証が得られた暁は、それはもはや世界一般の確信となって、誰一人として疑いを差しはさむ余地もなくなるであろう。テレパシーやこれに似た現象に対して、科学者たちの中には、頭からこれを否定するような言説を発表しているのをしばしば見受けるが、このような態度こそまったく非科学的といわなければならない。

タマス博士がいまや身をもって究明しようとしているこの研究は、はたして人類にどんな利益をもたらすだろうか？　いまここでこの疑問に答えることはむずかしい。というのは、心の奥底というものは容易に突っ込んで手をつけることのできない禁断の領域であるかもしれないからである。しかし、もしこの研究から、われわれの心のうちに眠っている力について、現在よりももっと深く掘り下げてその本体を知ることができるようになるならば、その知識こそ、全人類のために、いまよりいっそうの幸福を生むものとなるかもしれないのである」

信念は魔術的な力

個人の潜在意識を考えるとき、それを大きな全体のうちのごく一部分と見て、それから出てくる波動はすべてに及びすべてを包むと考えるならば、念力やテレパシーなどの現象もわかりやすくなるでしょう。

念力を説明するに当たって、ライン博士は、よい成績をあげるにはよい成績が得られるという期待を持って思いを集中し、よい成績をあげたいと熱心に望むことがよい、と言っています。すなわち、信念や信仰は魔術的な力なのです。たとえば、実験者が自分の思いどおりにサイコロの目を出そうとするには、そこにしっかりした信念がいるのです。

念力やテレパシーの力の根源は信念である、ということは、デューク大学の実験で認められています。『ニューヨーク・ヘラルド』紙の科学記者J・J・オニール氏の報道によると、念力やテレパシーでは、その場に立ち会っている人たちの中に実験者の実力に疑いを抱く者が多いときはもちろんのこと、からかいの言葉を吐いたりしてもその力は減って悪い結果となるのです。

さらに同記者によると、サイコロの目を思いどおりに出す実験をしていた青年の心をひとりの娘が乱したところ、実験はうまくいかなかったとのことです。すなわち、自ら物質を動かす力があると青年が自慢したのを聞いて娘がそれをからかったところ、それがひどく青年の気にさわったために彼の確信はくずれ、その日の成績はめちゃめちゃになったのです。記者の言葉によるとこうです。

「まるで反対の実験が行なわれたような結果になった。次の実験では、自信を強める刺激となるような話が実績をあげるうえにどれだけ効果があるかを試験することになったが、その結果は興味を持って待たれる」

いまのところこの実験の結果はわかりませんが、すでにデューク大学やほかの大学で行なわれた多くの実験から見て、実験者が堅い信念を持っていて、実験には必ずよい成績ができると確信しているときは、スコアもよくなることは明らかです。また、確信も信念もない人でも、刺激的な話をしてはげますとその実験の成績をあげられることも同様に明らかです。

たとえばゴルフでも、心の持ち方を変えたり、コースの状況などをはっきりと心の目に描いたりすればスコアの改善ができるし、またほかの場合でも心の持ち方を変えると、不思議なほど幸運にめぐまれるということも事実あるのです。だから外界のいろいろなできごとも心の持ち方しだいでいかようにも変わることは確かであって、私たちの目の前には、昔の人たちが不思議なことと考えていた多くの神秘も、近代的な研究が進むにつれてだんだんとそのベールがはがれていきつつあるのは明らかです。

デューク大学の実験によると、**いわゆる幸福というものは強い思考の波から生まれるのであって、チャンスとか偶然の一致とかで片づけるべきものではない**と思われるのも確かなことです。

デューク大学の実験よりもずっと古い時代の多くの文書には、**幸福というものは将来をはっきりと心につかむこと、思いの集中、意志、信念である**と書いています。あなた自らの身の上や、将来の目標などについても、このような角度から考えてはどうでしょうか？

私の言う信念のサイエンスの根本の秘訣はそこにあるのです。

かけごとをする人たちは、日によってばか当たりする、いわゆるついているとよく言います。それはなにかというと、確かな信念、自分は必ず勝てるという信念の現われです。ギャンブルにおいてですらも、信念は魔術的な力です。根深いところからの力なのです。

もちろん、この本は賭博師のためのものではなく、人生に成功を志すまじめな人たちのために書いたものです。チャンスをねらうゲームに話が及んだのは、思念の集中や強い期待および堅い信念などを持ちさえすれば、私たちは実際に振動波を起こして物質的にもできごとを起こすことができる、という証拠のために書きそえたのです。

さきにも述べたとおり、お守り、魔よけの護符や品、ルーレット、マスコットなどはみな、それ自体としては何の力も持っていません。ただ、それらを堅く信じる人たちは、念力と呼ぶことのできる威力や権威を信念の力によって付与し、また自らも確かに威力を得るようになります。私は信念や信仰などによってそういう力をどのように育てあげることができるかを明らかにして、あなたを望みどおりの高い地位へ手引きをしたいと思うまでのことです。

自分の信念や信仰を失うことは、きわめて容易です。何万という人は成功の高い頂きへ登りついたかと思うと、またそこでつまずきころんで、夢にも思わなかった奈落の底へ落ちていく。ある人たちは健康を求めて奇跡的に病気を治し、もとの健康体へ返ったかと思うと、また何年か経って、ときには数カ月経つか経たないかのうちに、再び同じ病気に襲われています。

これは、不用意のあいだに潜在意識の中へこっそり入り込み、私たちの力をそぐような邪魔をするものがあるからです。この邪魔ものが一度入り込むと、たちまち強い破壊力を持って、せっかくつくりあげた創造的な善いことすべてを解きほぐしてしまうのです。そのときは勇敢に前のめりになって、太陽へ向かい、陽の光に頭を向けるのです。そうすれば前途をさえぎる黒い陰は姿を消します。

ふつうの人たちにとっては、こういう精神面のことはなかなかわかりにくく、すべては自分の心のうちにある、などということはのみ込みにくいだろうと、私も思います。しかし、どんなに物質にこだわっている人でも、自分自身に関するかぎり、自ら認めるか、またば自分の自覚の中へ入り込んでくるものでないかぎり、外界にものが実在するかどうかは自分にはわからないはずです。外に横たわっているものに実在を認めるのは、自分の心の中に映像をつくるからです。

しあわせはあなたの内側にある

多くの人が求めているのに少数の人の手にしかつかめないしあわせというものは、私たちの自らの心のうちにあるものです。環境や、日々のできごとなどは、そのもの自体としては私たちの幸福とはいささかの関係もありません。それが自覚の中へ心の映像として入り込んでこそ、はじめて幸福とか不幸とかいうものになって、私たちが感じとるのです。幸福は社会的地位や、貧富の差や、所有する物質の多い少ないによって増減するものではありません。それは私たち自身の心の状態で、私たちが自由に処理できるのであり、私たちの思いによってそれを支配することができるのです。

偉大な哲学者のローマ皇帝M・アウレリウスはこう言いました。

「すべては感じ方である。感じることは、あなたの支配力のもとにある。あなたの好みのままにあなたの感じを捨てなさい。そうすれば岬を回った水夫のように、そしてすべてが安定した波なき入り江の中に、あなたがいることを見出すであろう！」

このことを、５章に述べた七八歳の深層心理を研究する人が述べた近代語で言うと、少し込みいっていますが、こういうことになります。

「不幸は、意識的な精神態度によってはぐくみ出されたときにのみ出現するのである。失望、心の圧迫、憂うつ、意気消沈などはみな、それらのことを思って興奮することが原因で、それにもとづく感情への暗示である。もしこういう感情が首尾よく防がれ、意志力が確立して、意識へ届く影響を防ぐことができれば、その思いの根底は消滅し、不幸は消散してしまうものである。この弱さは、その場の事態への自制や指揮のまずさから起こるのである。思うことをやめよ！　その思考やまたはその方向で思うことをこばめ。あなた自らが創造者で、あなた自らの思考の主人公であることを主張せよ。すなわち他から征服されないものとなれ。毅然とした意志力を負かした人はいない。その意志力の前には死も立ちすくむのである」

また、エマソンは言いました。

「世界でもっとも至難な仕事はなにか？　それは思うことである」

私たちの存在の大部分は大衆の思考の犠牲であり、他人からの暗示にもてあそばれて暮らしていることは否定のできない事実です。私たちすべては、因果の法則は例外がないということを知っています。しかし、私たちのうち何人が、この法則のはたらきについて熟考したことがあるでしょうか？　人の一生の歩みは、わずか一個の思考によって変えられてきました。しかもその思考は、ある人にはひらめきのごとく訪れ、そして人間界の事件の流れすべてを変えてしまう偉大な力となったのです。

歴史は、強い意志力と毅然とした思考力を持つ個人が、その信念にかじりつき、仲間をはげまし、恐るべき、しかもねばり強い反抗を前にして、何もないところから偉大な事業や巨大な国家や新しい世界をつくり出したのです。しかし、彼らだけが思考の力を独占したわけではありません。

あなたも、どの男性もどの女性も、みなそれを持っているのです。誰しも、それを使いさえすればいいのです。そうすれば、あなたが想像に描くその人になれるのです。原因と結果の法則のはたらきによってあなたは生活の中に新しい因子を取り入れることになりますが、それはあなたの思考力が体内で創造し、または外界から惹きつけてきたものにほかならないのです。

積極的で創造的な思考は行動、そして最高の自己実現へと導きます。しかし真の力は行動そのものよりも思考です。

常に記憶しておくのです。

「人が心に抱くことは、彼が実現することができるのである」

という大切な言葉を。健康、財力、幸福は、もし正しい心の絵をつくり、たえずそれを保つならば、それにつづいて必ず実現するものです。なぜならば、因果律は不変だからです。

あなたの力を知りなさい。「汝自らを知れ」と言われます。この本を再読、三読して、あなたの日常生活の一部としなさい。

カードや鏡の技術を正しく使いなさい。そうすれば、あなたの熱望の期待を越えるような結果を得られるでしょう。

信念にはまさしく創造的な魔術の力があることをすなおに信じなさい。そうすれば魔術が現われるでしょう。すなわち、信念は企図するものをなんでも成功させる力をあなたに与えるからです。

あなたの信念を断固たる意志力で裏づけなさい。そうすれば、あなたは不敗の――完全に独立した――真のあなたとなります。

［著者］
C・M・ブリストル（Claude M.Bristol）
1891年生まれ。アメリカの実業家。第1次大戦では不正規兵として従軍。警察担当、宗教面担当のジャーナリストとして新聞社で活躍後、大投資銀行に入行。のちに太平洋岸の有名な投資銀行の副頭取となった。大恐慌のさなか、危機に陥った会社を立て直そうと暗中模索する中で、仕事だけではなく人生をも思いどおりに生きるための哲学を会得した。「信念ひとつで人生は変わる」という力強い実践哲学は、ビジネスマンはもとより政治家や主婦まであらゆる人の人生を立て直す起爆剤となった。1948年に刊行された本書は、半世紀を越えて今日に至るまで世界中で読み継がれている。1951年没。

［新訳］ 信念の魔術
――人生を思いどおりに生きる思考の原則

2013年9月27日　第1刷発行
2021年8月2日　第4刷発行

著　者――C・M・ブリストル
訳　者――大原武夫
発行所――ダイヤモンド社
〒150-8409　東京都渋谷区神宮前6-12-17
https://www.diamond.co.jp/
電話／03·5778·7233（編集）　03·5778·7240（販売）
装丁・本文デザイン――廣田清子＋office Sun Ra
本文DTP――インタラクティブ
製作進行――ダイヤモンド・グラフィック社
印刷――――堀内印刷所（本文）・加藤文明社（カバー）
製本――――ブックアート
編集担当――田中裕子（ytanaka@diamond.co.jp）

ISBN 978-4-478-02548-2